乡村振兴100问系列丛书

乡村治理

100问

XIANGCUN ZHILI
100 WEN

米松华　　王阿蒙◎编著

中国农业出版社

北　京

图书在版编目（CIP）数据

乡村治理100问 / 米松华，王阿蒙编著. —北京：
中国农业出版社，2023.10（2025.10重印）
（乡村振兴100问系列丛书）
ISBN 978-7-109-31221-0

Ⅰ.①乡…　Ⅱ.①米…②王…　Ⅲ.①乡村－社会管理－中国－问题解答　Ⅳ.①D638-44

中国国家版本馆 CIP 数据核字（2023）第 196264 号

中国农业出版社出版
地址：北京市朝阳区麦子店街18号楼
邮编：100125
责任编辑：潘洪洋
版式设计：王　晨　　责任校对：吴丽婷
印刷：北京通州皇家印刷厂
版次：2023 年 10 月第 1 版
印次：2025 年 10 月北京第 4 次印刷
发行：新华书店北京发行所
开本：880mm×1230mm　1/32
印张：5.75
字数：130 千字
定价：30.00 元

前　言

　　党的十九大报告提出实施乡村振兴战略，并提出"产业兴旺、生态宜居、乡风文明、治理有效、生活富裕"20字总要求，这是党中央从党和国家事业全局出发，着眼于实现"两个一百年"奋斗目标，顺应亿万农民对美好生活的向往所作出的重大决策。党的二十大报告指出："全面建设社会主义现代化国家，最艰巨最繁重的任务仍然在农村""要全面推进乡村振兴""加快建设农业强国，扎实推动乡村产业、人才、文化、生态、组织振兴"。乡村治，社会安，国家稳。乡村治理是乡村振兴的内在要求，是实现乡村振兴的重要基石；同时，乡村治理是国家治理体系中最基本的治理单元，是推进国家治理体系和治理能力现代化的重要一环。

　　乡村治理千头万绪，村情民情复杂多变，既有村民个人利益与村集体利益、眼前利益与长远利益的协调，也有国家政策任务下行到村庄落实的轻重缓急，还有各项事务的季节性、临时性和差异性问题，这决定了乡村治理需要灵活地调整组织结构、调配治理资源和选择相应的治理方式和治理时机。作者和编辑都满怀心愿，希望能把乡村治理的基本问题以比较简洁又准确的方式给予解答，将这本"小百科全书"式的、关于乡村治理基本知识的普及读物呈现给读者。本书采用问答形式，共设100个问题，分为四大部分：第一部分为总论，主要是介绍乡村治理的基础问题；第二部分由 4 个章节构成，从自治、法治、德治、智治方面着力解读"四治"的理念和内容；第三部分为乡村治理方面一些可看、可学、可借鉴的典型案例和成功经验；第四部分结合党的二十大精神，对乡村治理发展趋势进行展望。

在本书的写作过程中，作者参阅了国内外学者以及全国乡村治理典型案例的研究成果和文献专著，在此对各位学者和单位一并表示感谢。乡村治理是一项复杂的系统工程，但我们欣喜地看到各地基层开展了诸如积分制、网格制等乡村治理创新实践以及"枫桥经验""浦江经验"等针对村民急难愁盼问题的基层治理创新。正如十四届全国人大一次会议记者会上李强总理答记者问时所说："坐在办公室碰到的都是问题，下去调研看到的全是办法。"本书只是对乡村治理问题略点一二，更多乡村治理问题解决方案都来源于农村基层的创新实践。书中若有不妥之处，欢迎专家学者、基层干部和广大村民批评指正。

米松华　王阿蒙

2023 年 5 月 30 日于杭州

CONTENTS

目　录

总　论

ZONGLUN

1. 何为治理？

"治理"一词最早出现在古希腊语中，意为"控制、引导和操纵"。俞可平（2000）将西方治理理论系统引入中国，他指出治理是"指官方的或民间的公共管理组织在各种不同的制度关系中，运用权力去引导、控制和规范公民各种活动，增进公共利益的活动"。徐勇（1997）作为国内治理理论研究的先行者，提出治理是运用公共权力管理一国的经济和社会资源的方式，是对公共事务的处理，目的是支配、影响和调控社会。郁建兴（2003）从国家和社会关系视角出发，将治理描述为"是对国家同社会之间关系的合理调整，强调两者之间的合作和互补"。最早将治理概念引入乡村政治研究领域的是以徐勇、贺雪峰为代表的"华中乡土派"，贺雪峰（2013）认为治理是结合了国家与社会双向的良性互动的过程。

2. 什么是国家治理？

2012 年，党的十八大首次使用了"国家治理"的概念，提出要"更加注重发挥法治在国家治理和社会管理中的重要作用"①。2013 年党的十八届三中全会后，"国家治理"正式取代"社会管理"成为我国政治社会的热门词语。可以说，我国基层社会的治理体系经历了从"管控"到"管理"到

---

① 十八大报告学习辅导百问 [M]. 北京：学习出版社，党建读物出版社，2012：222.

"治理"的变迁。

郁建兴（2019）在《辨析国家治理、地方治理、基层治理与社会治理》一文中指出：国家治理在广义上涵盖对国家一切事务的治理，等同于治国理政。广义的国家治理同时涵盖了纵向、横向、空间、时间等4个维度。在纵向上，涵盖从中央到地方再到基层，以及组织、个体层面的治理；在横向上，涵盖政府、市场、社会等领域的治理；在空间上，涉及东中西等不同地区、不同省份的协调与管理；在时间上，涉及宏观上制定的当下和未来的发展战略。

3. 什么是乡村治理？

党的十八届三中全会提出全面深化改革的总目标是完善和发展中国特色社会主义制度、推进并实现国家治理体系和治理能力的现代化。国家治理体系包括：国家治理、地方治理、社会治理、基层治理。乡村治理是国家治理体系的重要组成部分，是乡村振兴的关键环节，关系农民的幸福感和安全感，关系农村社会稳定，也关系党在农村的执政基础。

乡村治理思想的核心内容是完善农村基层党组织建设，健全自治、法治和德治相结合的乡村治理体系，建立多元共治的乡村治理体制，构建共建共治共享的乡村治理格局（尹菁薇和王翠，2021）。具体而言，乡村治理概念本身存在狭义和广义两种范畴。狭义上，一般把乡村治理看作是乡村公共权威及其他治理主体协同发挥管治作用的过程。广义上，乡村治理则涵盖了乡村社会运行的基础制度安排及公共资源配置体系，包括乡村居民和各类组织之间的公共事务往来、乡村社会文化习俗对公共关系的影响等方面（陈明，2022）。

4. 如何认识乡村治理在国家治理中的重要意义？

2013 年 12 月 23 日，习近平总书记在中央农村工作会议上指出："加强和创新农村社会管理，要以保障和改善农村民生为优先方向，树立系统治理、依法治理、综合治理、源头治理理念，确保广大农民安居乐业、农村社会安定有序。"

党的十九大站在新的历史方位高度重视"三农"工作，将乡村振兴战略上升为国家发展战略，明确提出要坚持农业农村优先发展，建立健全城乡融合发展体制机制和政策体系，加快推进农业农村现代化。

习近平总书记在党的二十大报告中强调："全面建设社会主义现代化国家，最艰巨最繁重的任务仍然在农村。坚持农业农村优先发展，坚持城乡融合发展，畅通城乡要素流动。"同时，把"全面推进乡村振兴，加快建设农业强国"作为推动经济社会高质量发展的战略重点，把"统筹乡村基础设施和公共服务布局，建设宜居宜业和美乡村"作为新时代新征程正确处理好工农城乡关系的重大战略部署。这是继 21 世纪初党的十六届五中全会提出社会主义新农村建设，党的十九大提出实施乡村振兴战略、开展生态宜居的美丽乡村建设之后，中央对乡村建设的最新定位和最新要求。

乡村治，社会安，国家稳。乡村治理是国家治理体系的重要组成部分，是国家治理体系中最基本的治理单元。乡村治理的"基石"位置，决定了乡村治理对于整个国家治理的基础作用，乡村治理现代化是国家治理体系和治理能力现代化进程中不可或缺的一环。顺应时代潮流，提升农村治理能力、优化农村治理体系，是推进国家治理体系和治理能力现代化的必然要求。

5. 如何实现治理有效？

党的十九大报告提出实施乡村振兴战略。其中，农业农村现代化是实施乡村振兴战略的总目标，坚持农业农村优先发展是总方针，"产业兴旺、生态宜居、乡风文明、治理有效、生活富裕"是总要求，建立健全城乡融合发展体制机制和政策体系是制度保障。

怎样做到治理有效呢？2019年6月中共中央办公厅、国务院办公厅印发《关于加强和改进乡村治理的指导意见》提出：构建"党委领导、政府负责、社会协同、公众参与、法治保障、科技支撑"的现代乡村社会治理体制，以自治增活力、以法治强保障、以德治扬正气，健全党组织领导的自治、法治、德治相结合的乡村治理体系，构建共建共治共享的社会治理格局，走中国特色社会主义乡村善治之路，建设充满活力、和谐有序的乡村社会，不断增强广大农民的获得感、幸福感、安全感。

党委领导，是指建立以基层党组织为领导、村民自治组织和村务监督组织为基础、村级集体经济组织和农民合作组织为纽带、其他经济社会组织为补充的村级组织体系。村党组织全面领导村民委员会及村务监督委员会、村级集体经济组织、农民合作组织和其他经济社会组织。

政府负责，是指要健全以财政投入为主的稳定的村级组织运转经费保障制度。这要求村级组织经费保障制度由政府来负责。要加强乡镇政府公共服务职能，加大乡镇基本公共

服务投入，使乡镇成为为农服务的龙头。

　　社会协同，指要加强妇女联合会、团支部、残疾人联合会等组织建设，充分发挥其联系群众、团结群众、组织群众参与民主管理和民主监督的作用。积极发挥服务性、公益性、互助性社区社会组织作用。坚持专业化、职业化、规范化，完善培养选拔机制，拓宽农村社工人才来源渠道，加强农村社会工作专业人才队伍建设，着力做好老年人、残疾人、青少年、特殊困难群体等重点对象服务工作。探索以政府购买服务等方式，支持农村社会工作和志愿服务发展。

　　公众参与，指健全村级议事协商制度，形成民事民议、民事民办、民事民管的多层次基层协商格局。创新协商议事形式和活动载体，依托村民会议、村民代表会议、村民议事会、村民理事会、村民监事会等，鼓励农村开展村民说事、民情恳谈、百姓议事、妇女议事等各类协商活动。

法治保障，包括推进法治乡村建设，规范农村基层行政执法程序，加强乡镇行政执法人员业务培训，使其严格按照法定职责和权限执法，将政府涉农事项纳入法治化轨道。大力开展"民主法治示范村"创建，深入开展"法律进乡村"活动，实施农村"法律明白人"培养工程，培育一批以村干部、人民调解员为主体的"法治带头人"。深入开展农村法治宣传教育。规范乡村小微权力运行，明确每项权力行使的法规依据、运行范围、执行主体、程序步骤。建立健全小微权力监督制度，形成群众监督、村务监督委员会监督、上级部门监督和会计核算监督、审计监督等全程实时、多方联网的监督体系。织密农村基层权力运行"廉政防护网"，大力开展农村基层微腐败整治，推进农村巡察工作，严肃查处侵害农民利益的腐败行为。

科技支撑，包括推进乡村服务领域智慧治理，推广村级基础台账电子化，建立统一的"智慧村庄"综合管理服务平台。推广村级事务"阳光公开"监管平台，支持建立村民微信群、乡村公众号等，推进村级事务即时公开，加强群众对村级权力有效监督。

6. 什么是"三治融合"的乡村治理体系？

党组织领导的自治、法治、德治相结合的乡村治理体系被称为"三治融合"的乡村治理体系。推进"三治融合"，是新时代乡村治理体系建设的重要目标。《中共中央 国务院关于加强和完善城乡社区治理的意见》指出，要"充分发挥自治章程、村规民约、居民公约在城乡社区治理中的积极作

自治

社会基础

乡村治理

制度保证　　　　　　　　伦理根基

法治　　　　　　　　　　德治

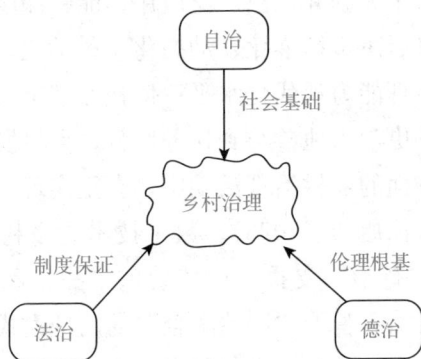

用，弘扬公序良俗，促进法治、德治、自治有机融合"。作为乡村治理体系的三要素，自治、法治、德治既相互联系、相互交融，又在手段上具有明显的差异。其中，村民自治既是村民自我管理、自我服务的一种方式，也是国家治理基层社会的宪政设置。"三治融合"的乡村治理新体系将"自治"置于首位，足以体现其重要性。党的十九大为乡村治理现代化指明了方向，法治化是其中的重要维度。乡村治理是国家治理的基石，亦是依法治理的薄弱环节，没有乡村治理法治化，就不会有国家治理现代化。德治在乡村治理中具有深厚基础。在乡村治理新体系中，德治被赋予全新的内涵，即乡村治理不仅要依靠法律、法规、政策、纪律等法治规范，还要充分运用村庄内生秩序，让公序良俗、村规民约等占据一席之地。在"治理"理念下，德治还意味着社会贤达和其他社会组织参与下的协同治理（吕德文，2019）。

概括来讲，自治是乡村治理的社会基础，法治是乡村治理的制度保证，德治是乡村治理的伦理根基。此外，伴随着大数据、云计算、人工智能等数字技术在农业农村经济社会发展中的广泛应用，衍生出诸多的乡村经济新业态新模式。

如打造乡村数字大脑并加以广泛应用，能够深度支持各级政府农业农村发展决策精准化、动态化、科学化，极大提升各级政府乡村治理能力现代化水平；依托数字平台和数字化应用，村民能够更深入地参与到村务监督、乡村发展、乡村环境整治等多方面的乡村治理活动中，真正实现乡村治理的共建共治共享（徐旭初，2023）。数字技术为乡村治理提供了精准高效的"智治"支撑，由传统的"三治融合"迈向自治、法治、德治、智治"四治融合"的治理模式是我国基层治理现代化的必然趋势，也是新时代构建乡村治理体系的必然要求。

7. 乡村治理与乡村振兴战略之间的关系是什么？

关于实施乡村振兴战略，党的十九大报告提出 20 字总要求：产业兴旺、生态宜居、乡风文明、治理有效、生活富裕。党的二十大报告提出：全面推进乡村振兴。坚持农业农村优先发展，坚持城乡融合发展，畅通城乡要素流动。扎实推动乡村产业、人才、文化、生态、组织振兴。可见，乡村治理是推进乡村全面振兴的内在要求与重要保障。

乡村振兴战略为乡村治理提供制度保障。乡村振兴是解决"三农"问题的国家顶层战略，是针对乡村建设、乡村发展、乡村治理过程中存在的突出问题进行的系统性思考和农业农村现代化一体化推进的总体规划，涉及基层组织建设、经济发展、乡村文化传承、乡风文明建设、产业建设、人口结构等多个方面。乡村振兴战略的实施必定需要大量资源输入，包括经济、政治、文化等多种资源，大量资源进入乡村社会，一方面将推动乡村治理不断升级，另一方面在具体治理实践上提供了资金、政策、人力等必要的要素保障，为乡村振兴注入新动能。

乡村治理为实现乡村全面振兴提供了坚实基础。乡村振兴最终要实现"产业兴旺、生态宜居、乡风文明、治理有效、生活富裕"的目标。其中治理有效即是在当前形势下，坚持依法治理，构建完整的由党领导、政府牵头、社会协同、村民参与，自治、德治和法治"三治融合"的乡村社会治理体系。其主要特征是多元主体融合、利益关系顺畅、农民主体意识被激活、乡村内生动力被激发。有效的乡村治理通过对乡村基层社会秩序的规范，推动公共目标和公共利益实现，缓和基层社会矛盾，为乡村振兴战略的推进减少阻碍，有力提高乡村振兴战略的推进实效。

乡村治理与乡村振兴有效融合必将加速推动农业农村现代化进程。无论是乡村治理还是乡村振兴，立足点都是破解乡村社会发展问题，本质上是弥补乡村社会发展短板和不足，实现城乡社会的均衡发展，推动城乡融合，解决发展不平衡、不充分的矛盾问题，最终让广大农民群众共享改革成果，扎实推进全体人民共同富裕。乡村治理所提供的组织管理机制顺畅、乡村人才队伍充实、乡风文明等发展基础，和乡村振兴取得的农村生产要素释放、市场经济机制完善、产业发展系统规划、公共服务均等化方面突破的有效融合，必将有力推动中国式农业农村现代化高质量发展。

8. 乡村治理的主体有哪些？

党的十九大报告指出："加强农村基层基础工作，健全自治、法治、德治相结合的乡村治理体系。"党的二十大报告进一步明确指出："要完善社会治理体系，健全共建共治共享的社会治理制度，提升社会治理效能。"可见，"三治融合"的乡村治理体系需要多元化治理主体"共建共治共享"。随着乡村振兴战略全面推进，不同类型的社会力量和乡村内部的自主力量在农村公共服务供给、社会秩序维护和乡风文明建设等多个领域发挥着重要作用。

从目前的乡村治理实际来看，多元主体合作共治下的乡村治理主体可分为内部型主体、外部型主体以及内-外联合型主体三种类型（高其才，2019）。具体而言，乡村治理内部型主体包括村党支部、村民委员会、村民小组、村民议事会、村民理事会、村民监事会、乡村其他社会组织（如红白理事会、互助会）以及广大村民等。内部型主体是乡村治理的直接参与者，也是乡村治理规范的制定者和实施者，坚持农民主体地位不仅是乡村治理现代化的本质和核心，也是乡村治理现代化的出发点和落脚点，更是由党的性质和根本宗旨决定的。乡村治理外部型主体包括基层党政机关、外来企业、公益性社会组织以及外来务工经商人员等。外部型主体虽然不是乡村治理的直接参与者，但是由于这些主体可以通过行政管理、投资、社会服务等方式作用于乡村治理，在很大程度上已经成为乡村治理中的重要力量。内-外联合型主体主要指通过资本、自然资源等媒介联结乡村内外主体而形成的共同治理力量，如"公司＋基地＋农户"性质的农业产业组织等。

9. 乡村治理有哪些核心议题？

2019 年，中央农村工作领导小组办公室、农业农村部、中央组织部、中央宣传部、民政部、司法部联合下发了《关于开展乡村治理体系建设试点示范工作的通知》，提出围绕8个方面建设乡村治理示范区，这8个方面涉及乡村治理的重要领域和关键环节。具体包括：探索共建共治共享的治理体制、探索乡村治理与经济社会协调发展的机制、探索完善乡村治理的组织体系、探索党组织领导的自治法治德治相结合的路径、完善基层治理方式、完善村级权力监管机制、创新村民议事协商形式和创新现代乡村治理手段。

10. 乡村治理现代化的基本内涵是什么？

习近平总书记在党的二十大报告中指出："从现在起，中国共产党的中心任务就是团结带领全国各族人民全面建成社会主义现代化强国、实现第二个百年奋斗目标，以中国式现代化全面推进中华民族伟大复兴。"农业农村现代化无疑是中国式现代化的重要支撑，实现高质量乡村振兴、推进共同富裕又是农业农村现代化的核心任务，而实现党建统领下"三治融合"的乡村治理现代化，全面提升乡村社会治理效能，促进乡村更和谐、更平安、更幸福是党的二十大"坚持人民至上"的根本要求。

《关于加强和改进乡村治理的指导意见》指出我国乡村治理现代化发展分为两个阶段：到2020年初步形成现代乡村治理的制度框架和治理体系；经过几年的发展，到2035年，构建完善的自治、法治和德治融合的乡村治理体系，建立健全党委领导、政府负责、社会协同、公众参与、法治保障、科技支撑的现代乡村社会治理体制，乡村治理能力显著增强，乡村善治得以实现。可见，**乡村治理现代化包括治理体系现代化和治理能力现代化两大方面，其中，乡村治理体系现代化重在制度机制，乡村治理能力现代化重在治理主体及其执行力。**

桂华（2018）在《面对社会重组的乡村治理现代化》一文中提出：乡村治理体系现代化是指用现代治理技术替代传统治理手段，用精准到人到户的政策替代传统以村庄为单位的模糊政策，用规范化、程序化和规则化的治理体制替代人格化和随意性强的传统治理体制；乡村治理能力现代化则是指提高国家对基层事务的干预能力，更好地实现国家预定的政策目标。乡村治理体系现代化是手段，乡村治理能力现代化是目的，乡村治理体系现代化服务于乡村治理能力提升。李三辉（2021）在《乡村治理现代化：基本内涵、发展困境与推进路径》中提出，乡村治理现代化转型是要在治理体系、治理理念、治理文化、治理方式、治理保障等方面实现现代化，以制度化、民主化、德教化、精细化、法治化的治理实现善治。肖立辉（2015）在《乡村治理现代化的由来与出路》一文中，从科学化、民主化、制度化、法治化、理性化、标准化、信息化7个层面提出乡村治理现代化指标体系。

11. 什么是共建共治共享的社会治理制度？

国之兴衰系于制，民之安乐皆由治。党的十八大以来，以习近平同志为核心的党中央坚持和完善中国特色社会主义制度、推进国家治理体系和治理能力现代化，大力推进社会治理领域改革创新，走出了一条中国特色的社会治理之路，开辟了"中国之治"新境界。《习近平谈治国理政》第四卷收录了习近平总书记关于以共建共治共享拓展社会发展新局面的一系列重要论述，明确指出："完善共建共治共享的社会治理制度，实现政府治理同社会调节、居民自治良性互动，建设人人有责、人人尽责、人人享有的社会治理共同体。"共建共治共享的社会治理制度，是我们党在长期实践中探索形成的，被实践证明是符合国情、符合人民意愿、符合社会治理规律的科学制度，必须长期坚持和推动科学发展。

所谓共建，即共同参与社会建设，是社会治理的基础。社会治理，不只是党委和政府的责任，也是市场主体和社会各方的责任；各方主体之间不再是简单的管理与被管理的关系，而是平等协商、合作互动的关系。

所谓共治，即共同参与治理，是社会治理的关键。要完善党委领导、政府负责、民主协商、社会协同、公众参与、法治保障、科技支撑的社会治理体系，充分发挥各级党委的领导核心作用，强化各级政府主体责任，增强社会各方参与社会治理的能力和活力。

所谓共享，即共同享有社会治理成果，是社会治理的目标。加强和创新社会治理，归根到底是为了保障人民群众的合法权益，不断满足人民日益增长的美好生活需要，使人民获得感、幸福感、安全感更加充实、更有保障、更可持续。

12. 目前乡村治理的主要困境集中在哪些方面？

尽管全国各地都在积极实施乡村振兴战略、推进乡村治理现代化建设，但乡村治理现代化发展的新要求与我国乡村治理现状之间的差距短期内还无法完全消除，推进乡村治理现代化面临多维困境。

　　陆杰华（2019）指出，现阶段乡村社会治理面临理念滞后、体制不顺畅、模式单一化、内生动力不足、人才缺乏等困境。宫学芬（2018）认为，当前农村社会治理遇到的新问题、新情况主要表现在四方面：农村社会发生结构性变迁，群众利益诉求多元化；农村各类矛盾纠纷日趋复杂突出，化解难度较大；农村社会治理能力亟待提高；能人流失使农村社会治理主体弱化。张玉清（2019）以甘肃省白银市的基层社会治理为例，指出乡村社会治理缺乏有效的资金保障，农村治理关系不平衡，特别是乡镇行政权力和乡村自治权力之间的不平衡导致乡村社会治理难以取得良好成效。柯凤华（2019）通过样本调查的方式，以福建省漳州市为例，指出受到收入水平、文化程度、社会资本等多种因素影响，村民参与农村社会治理的积极性不高，整体参与度偏低，导致乡村基层多元主体发育不成熟。李三辉（2021）指出了乡村治理现代化转型面临的现实困境，主要包括：多元共治格局尚未形成、乡村社会现代治理体制机制不完善、乡村治理"内卷化"[①] 问题突出、基层治理主体能力不足和基于现代信息技术的基层综合治理能力不强。

13. **全面推进乡村振兴战略下乡村治理的发展方向是什么？**

党的二十大报告首次提出"加快建设农业强国"。在2022 年中央农村工作会议上，习近平总书记着眼全面建成社会主义现代化强国的全局大局，系统阐释了建设农业强国、加快推进农业农村现代化、全面推进乡村振兴的一系列重大理论和实践问题。

全面推进乡村振兴是农业强国建设的重大任务。习近平总书记指出，要全面推进产业、人才、文化、生态、组织"五个振兴"，统筹部署、协同推进，抓住重点、补齐短板。乡村振兴的总目标是加快实现农业农村现代化，农业强国是社会主义现代化强国的根基，推进农业农村现代化是实现高质量发展的必然要求。

全面推进乡村振兴就是围绕乡村振兴总要求，扎实推进

---

① 乡村治理中"内卷化"问题主要表现为组织结构的设置日益精细化、复杂化但效能不高，其实际运行与制度设计初衷背道而驰，而且压力维稳机制下的日常治理方式偏向于管控而忽略协商、疏导等柔性治理手段。参见蔡辉明：《警惕社会管理中的"内卷化"现象》，《学习时报》2011 年 8 月 22 日。亦可参见吕德文：《乡村治理 70 年：国家治理现代化的视角》，《南京农业大学学报（社会科学版）》，2019 年第 11 卷第 4 期。

乡村发展、乡村建设、乡村治理等重点工作①。一是强调推动乡村产业高质量发展，培育乡村新产业新业态。二是强调促进农民就业增收、农业经营增效，赋予农民更加充分的财产权益，拓宽农民增收致富渠道。三是瞄准"农村基本具备现代生活条件"的目标，扎实推进宜居宜业和美乡村建设。四是强调健全党组织领导的乡村治理体系，提升乡村治理效能。

　　全面推进乡村振兴，建设宜居宜业和美乡村，应一手抓硬件建设，一手抓软件建设，着力塑造人心和善、和睦安宁的乡村精神风貌。我国自古以来崇尚"和"的理念，农业生产讲求得时之和、适地之宜，农村生活讲求人心和善、以和

---

　　① 本部分全面推进乡村振兴重点工作以及下文建设宜居宜业和美乡村的内容，来自《国务院新闻办就 2023 年全面推进乡村振兴重点工作举行发布会》，https：//www.gov.cn/xinwen/2023－02/14/content_5741519.htm？eqid＝bc17b-2970001423500000006645c59ec。

为贵，村落民居讲求顺应山水、和于四时。要把"和"的理念贯穿乡村建设始终，滋润人心、德化人心、凝聚人心，确保农村人心向善、稳定安宁。一是整合载体，加强和改进乡村治理。完善网格化整理、精细化服务、信息化支撑的基层治理平台，把积分制、清单制等行之有效的抓手整合起来，把各部门的力量统筹起来，提升乡村治理效能。二是创新抓手，加强农村精神文明建设。从农民需要出发，从农民喜好着手，增加富有农耕农趣农味、体现和谐和顺和美的乡村文化产品和服务供给。持续推进农村移风易俗，通过制定规范、强化村规民约、党员干部带头示范等方式，狠刹不良风气，努力成风化俗。

自 治

ZIZHI

14. 乡村治理中的"自治"指什么？

"村民自治"的提法始见于 1982 年我国修订颁布的《中华人民共和国宪法》第一百一十条，规定"村民委员会是基层群众自治性组织"。村民自治是村民通过依法行使民主选举、民主决策、民主管理和民主监督的权利，实行自我管理、自我教育、自我服务的一项基本社会政治制度。

15. 什么是乡村治理中的"四个民主"？

"四个民主"的提法始见于 1990 年民政部下发的《关于在全国农村开展村民自治示范活动的通知》（民基发〔1990〕24 号）。村民自治的核心内容是"四个民主"，即民主选举、民主决策、民主管理、民主监督。全面推进村民自治，也就是全面推进村级民主选举、村级民主决策、村级民主管理和村级民主监督。

一是全面推进村级民主选举，把干部的选任权交给村民。民主选举，是按照《中华人民共和国宪法》《中华人民共和国村民委员会组织法》和《中华人民共和国村民委员会选举法》等法律法规，由村民直接选举或罢免村委会干部。村委会由主任、副主任和委员 3～7 人组成，每届任期 5 年，届满应及时进行换届选举。选举坚持公平、公正、公开的原则，把"思想好、作风正、有文化、有本领、真心愿意为群众办事的人"选进村委会班子，即选出一个群众信赖、能够带领群众致富的村委会领导班子。

二是全面推进村级民主决策，把重大村务的决定权交给村民。民主决策，就是凡涉及村民利益的重要事项，如乡统筹的收缴方法、村提留的收缴和使用、享受误工补贴的人数及补贴标准、宅基地的使用方案等，都应提请村民会议或村民代表会议讨论，按多数人的意见作出决定。

三是全面推进村级民主管理，把日常村务的参与权交给村民。民主管理，就是依据国家的法律法规和党的方针政策，结合本地的实际情况，全体村民讨论制定村民自治章程或村规民约，把村民的权利和义务，村级各类组织之间的关系、职责、工作程序，以及经济管理、社会治安、村风民俗、计划生育等方面的要求，规定得明明白白，加强村民的自我管理、自我教育、自我服务。村民自治章程是村民和村干部自我管理、自我教育、自我服务的综合性章程，也是村内最权威、最全面的规章，村民形象地称之为"小宪法"。村规民约一般是就某个突出问题，如治安、护林、防火等问题作出规定，作为村民的基本行为规范。

四是全面推进村级民主监督，把对村干部的评议权和村务知情权赋予村民。民主监督，就是通过村务公开、民主评议、村干部和村委会定期报告工作等形式，由村民监督村中重大事务、监督村委会工作和村干部行为。民主监督的重点是村务公开，凡是村里的重大事项和村民普遍关心的问题，都应向村民公开。

16. 《中华人民共和国村民委员会组织法》是如何诞生的？

20 世纪 80 年代开始的中国村民自治是广大农民政治生

活的一件大事，它与包产到户、乡镇企业一道被视作中国亿万农民的伟大创造。村民自治是国家政治体制的一项重大改革，是人民行使民主权利的重要手段，其诞生被视为一场"静悄悄的革命"。

1980 年 2 月，广西壮族自治区宜山县（现为宜州市）合寨村村民自发组建了民主管理村务、自我教育、自我服务的村民委员会，促进了当地的治安稳定、经济发展，人民生活状况得到明显改善。1982 年通过的新宪法明确了村民委员会是农村基层社会群众性自治组织，并明确了村民委员会的任务，村民委员会自此陆续发展起来。1987 年11 月，全国人大常委会通过了《中华人民共和国村民委员会组织法（试行）》，村民自治作为一项群众自治制度在法律上被正式确立起来。1988 年 6 月，民政部开始在全国范围内组织乡村选举，村民委员会进入制度化建设阶段。1994 年，民政部发布了《全国农村村民自治示范活动指导纲要（试行）》，详细地规定了村民自治的目标、任务、指导方针和具体措施等内容，并确立了民主选举、民主决策、民主管理、民主监督 4 项民主制度。1998 年 6 月，中共中央办公厅和国务院办公厅联合发布《关于在农村普遍实行村务公开和民主管理制度的通知》，村民自治制度不断完善、发展。1998 年 11 月 4 日，第九届全国人大常委会第五次会议通过了《中华人民共和国村民委员会组织法》等议案。顺应农村经济和社会发展要求，全国人大常委会又分别于 2010 年、2018 年先后两次对村民委员会组织法作出修改。时至今日，农村中的村民委员会，与城市中的居民委员会、企事业单位中的职工代表大会一起，构成了中国特色社会主义基层群众自治制度的主要内容。

17. 《中华人民共和国村民委员会组织法》实施以来起到了哪些重要作用？

村民委员会组织法实施以后发挥了重要作用。第一，改善了农村的治理状况，加强了农村基层组织建设，促进了农村社会的和谐稳定发展。第二，加强和改善了党对农村工作的领导。村民自治通过民主选举，使一大批德才兼备、年富力强的优秀人才脱颖而出，成为带领农民群众致富的"领头雁"。村民自治活动的开展，将党组织和党员干部置于农民群众的监督之下，促进了党内民主的发展，增强了基层党组织的凝聚力、战斗力和号召力。第三，调动了亿万农民群众的积极性。亿万农民从轻视选举到认真投票，从观望到积极参与村务决策，自觉性、主动性不断提高。第四，提高了农村社会的文明水平。村规民约和村民自治章程的制定和实施，使农村各项事务处理有章可循，各种社会关系的协调处理有了统一的规范，村民们对自身行为积极进行自我约束。

村民自治的成功实践，是中国共产党领导亿万农民发展中国特色社会主义民主政治的伟大创举。扩大农村基层民主，实行村民自治，大大激发了广大农民当家作主的积极性、创造性和责任感，揭开了中国农村民主政治建设的新篇章。

18. 村民自治组织有哪些基本形式？

村民自治组织的形式有3种，分别是村民会议、村民代表会议、村民委员会。

一是村民会议。村民会议是村自治组织的权力机构，拥有最高决策权，凡是涉及全体村民利益的重大事务，必须由村民会议讨论决定。村民会议是参与人数最多、规模最大、反映村民利益和愿望最直接的决策形式，也是最直接的民主形式，在乡村决策体系中居于最高地位。

二是村民代表会议。村民代表会议是村民会议的补充形式，不是村民会议的常设形式。村民代表会议的产生主要就是为了解决村民会议召开难的问题，如果不是人口较多或居住分散的村，就不能召开村民代表会议，而应当坚持通过村民会议的形式讨论决定问题。即使是可以召集村民代表会议的村，对于一些重大问题，如村民委员会换届选举、罢免村民委员会成员、制定村经济发展规划、制定村规民约和村民自治章程等，也必须通过村民会议来决定。因此，并不是所有的村都要召开村民代表会议，也不能用村民代表会议取代村民会议。村民会议的最高决策地位是不可动摇的。

三是村民委员会。村民委员会组织法第二条将村民委员会界定为村民自我管理、自我教育、自我服务的基层群众性自治组织，实行民主选举、民主决策、民主管理、民主监督。村民委员会办理本村的公共事务和公益事业，调解民间纠纷，协助维护社会治安，向人民政府反映村民的意见、要求和提出建议。由于具有决策权的村民会议和村民代表会议不可能时刻召开，而村级日常事务却是经常且大量存在的，这就要求有一个常设机构对村级日常事务迅速处理，在这种情况下，作为执行机构的村委会就自然地承担起这一职能。

19. 村民自治的基本原则是什么？

根据村民委员会自治法，村民自治有以下 4 个基本原则：

民主原则。民主原则要求村民在权利上具有平等权，村民自治在范围上具有广泛性，村民自治在参与上具有直接性，村民自治在效力上具有效益性。

自治原则。自治原则体现于村民自己办理自己的事，村民实现各种自治权利，实现村民中绝大多数人的自治。

法治原则。一是依法推进，日益完善；二是依法建制，以制治村；三是依法办事，有序运行。

党的领导原则。坚持党的领导，接受党的领导，在党的领导下，发展和扩大基层民主，推进村民自治，保证农村长治久安。

20. 哪些情况下村民委员会应当召集村民会议？

根据村民委员会组织法有关规定，下列情况村民委员会应当召开村民会议：

（1）涉及村民切身利益，需要讨论才能决定的重大事项；

（2）需要制定或修改村规民约或村民自治章程；

（3）对村民委员会进行设立、撤销或范围调整；

（4）选举、补选和罢免村民委员会成员；

（5）有 1/10 以上的村民或者 1/3 以上的村民代表提议；

　　(6) 村民委员会需要向村民会议报告工作，接受评议时。

　　只要是涉及以上 6 条中任何一条内容的，村委会都应该召开村民会议进行讨论后作出决定，不能独断专权。

21. 村民会议的形式有哪几种?

　　根据村民委员会组织法第二十一、第二十二条规定，召开村民会议，应当有本村十八周岁以上村民的过半数，或者本村 2/3 以上的户的代表参加，村民会议所作决定应当经到会人员的过半数通过。因此，村民会议有两种形式：一种是由本村十八周岁以上的村民参加，这是村民会议的最高形式，也是最完整的形式，也可叫村民大会；另一种是由每户派代表参加，也叫户代表会议，是特殊情况下召开的不完全的村民会议。只有在村民数量较多或者居住非常分散，或外出人员较多、不易召集全体村民的地方，才允许采取户代表的形式，且必须有 2/3 以上的户代表参加。一些重大的村务活动，如村民委员会选举、罢免村民委员会成员、讨论通过村民自治章程等，都不能采取户派代表的形式召开村民会议。此外，召开村民会议，可以根据需要邀请驻本村的企业、事业单位和群众组织派代表列席。

22. 村务公开的主要内容包括哪些？

村务公开是指村民委员会把处理本村涉及国家的、集体的和村民群众利益的事务的相关情况，通过一定的形式和程序告知全体村民，并由村民参与管理、实施监督的一种民主行为。

根据村民委员会组织法第三十条规定，村民委员会实行村务公开制度。村民委员会应当及时公布下列事项，接受村民的监督：

第一，由村民会议、村民代表会议讨论决定的事项及其实施情况。

第二，国家计划生育政策的落实方案。

第三，政府拨付和接收社会捐赠的救灾救助、补贴补助等资金、物资的管理使用情况。

第四，村民委员会协助人民政府开展工作的情况。

第五，涉及本村村民利益，村民普遍关心的其他事项。

上述规定事项中，一般事项至少每季度公布一次；集体财务往来较多的，财务收支情况应当每月公布一次；涉及村民利益的重大事项应当随时公布。

村民委员会应当保证公布事项的真实性，并接受村民的查询。

23. 村务公开的形式有哪些？

村务公开形式遵循实用、方便、明确、节俭原则，可在村民聚居地带的主要交通路口等方便群众阅览的地方，设立村务公开栏。有条件的村，可以同时利用本村的广播、网络等形式进行公开，采取户外 LED 屏宣传栏、手机 App、触摸查询机等高科技的方式进行公开。另外，也可以采用民主听证会、民情接待室、村民恳谈会等其他便于村民及时获取和了解有关信息的形式进行公开。

24. 什么是"四议两公开"制度？

2022 年 1 月 4 日，《中共中央 国务院关于做好 2022 年全面推进乡村振兴重点工作的意见》中提出：完善村级重要事项、重大问题经村党组织研究讨论机制，全面落实"四议两公开"制度。"四议两公开"是指在村党组织领导下对村级事务进行民主决策的一套基本工作程序，是基层在实践中探索创造的一个行之有效的工作方法。

"四议"是指村党支部会提议、村"两委"会商议、党员大会审议、村民代表会议或村民会议决议。

"两公开"是指决议公开、实施结果公开。

25. 村民委员会的性质和基本任务分别是什么？

根据村民委员会组织法第二条规定，村民委员会是村民自我管理、自我教育、自我服务的基层群众性自治组织，实行民主选举、民主决策、民主管理、民主监督。

村民委员会的基本任务是开展村民自治，主要包括以下几个方面：

（1）办理本村的公共事务和公益事业；

（2）依法调解民间纠纷；

（3）协助维护社会治安；

（4）向人民政府反映村民的意见、要求和提出建议。

村民委员会向村民会议、村民代表会议负责并报告工作。

26. 村民委员会的产生方式与任期有哪些规定？

村民委员会组织法第十一条规定："村民委员会主任、副主任和委员，由村民直接选举产生。任何组织或者个人不

村民委员会成员

得指定、委派或者撤换村民委员会成员。"

村民委员会每届任期 5 年，届满应当及时举行换届选举。村民委员会成员可以连选连任。

27. 哪些村民具有选举权？

根据村民委员会组织法第十三条规定，年满十八周岁的村民，不分民族、种族、性别、职业、家庭出身、宗教信仰、教育程度、财产状况、居住期限，都有选举权和被选举权；但是，依照法律被剥夺政治权利的人除外。

村民委员会选举前，应对参加选举的村民名单进行登记，参选人具体包括三类：

（1）户籍在本村并且在本村居住的村民。

（2）户籍在本村，不在本村居住，本人表示参加选举的村民。

（3）户籍不在本村，在本村居住一年以上，本人申请参加选举，并经村民会议或者村民代表会议同意参加选举的公民。已在户籍所在村或居住村登记参加选举的村民，不得再参加其他地方村民委员会选举。

28. 村民选举规则是什么？

根据村民委员会组织法第十五条规定，选举村民委员会，由登记参加选举的村民直接提名候选人。村民提名候选人，应当从全体村民利益出发，推荐奉公守法、品行良好、公道正派、热心公益、具有一定文化水平和工作能力的村民为候选人。具体选举规则如下：

"双过半"原则。选举村民委员会，有登记参加选举的村民过半数投票，选举有效；候选人获得参加投票的村民过半数的选票，始得当选。

另行选举。当选人数不足应选名额的，不足名额需要另行选举。在另行选举中，第一次投票未当选的人员得票多的为候选人，候选人中得票多的当选，但是所得票数不得少于已投选票总数的1/3。

委托投票。登记参加选举的村民因在选举期间外出不能参加投票的，可以书面委托本村有选举权的近亲属代为投票。但是，每一选民接受的委托不得超过三人，并且应当按照委托人的意愿代为投票。村民选举委员会应当公布委托人和受托人的名单。

无记名投票。选举的过程中，投票为无记名投票，但计票为公开计票。选举时，应当设立秘密写票处，同时，选举结果应当当场公布。

29. 如何丰富村民议事协商形式？

中共中央办公厅、国务院办公厅印发《关于加强和改进乡村治理的指导意见》指出，健全村级议事协商制度，形成民事民议、民事民办、民事民管的多层次基层协商格局。创新协商议事形式和活动载体，依托村民会议、村民代表会议、村民议事会、村民理事会、村民监事会等，鼓励农村开展村民说事、民情恳谈、百姓议事、妇女议事等各类协商活动。

30. 村党组织的职能有哪些?

《中国共产党农村基层组织工作条例》第十条规定,村党组织的职能主要有 6 个方面:

(1) 宣传和贯彻执行党的路线方针政策和党中央、上级党组织及本村党员大会(党员代表大会)的决议。

(2) 讨论和决定本村经济建设、政治建设、文化建设、社会建设、生态文明建设和党的建设以及乡村振兴中的重要问题并及时向乡镇党委报告。需由村民委员会提请村民会议、村民代表会议决定的事情或者集体经济组织决定的重要事项,经村党组织研究讨论后,由村民会议、村民代表会议或者集体经济组织依照法律和有关规定作出决定。

(3) 领导和推进村级民主选举、民主决策、民主管理、民主监督,推进农村基层协商,支持和保障村民依法开展自治活动。领导村民委员会以及村务监督委员会、村集体经济组织、群团组织和其他经济组织、社会组织,加强指导和规范，支持和保证这些组织依照国家法律法规以及各自章程履行职责。

（4）加强村党组织自身建设，严格组织生活，对党员进行教育、管理、监督和服务。负责对要求入党的积极分子进行教育和培养，做好发展党员工作。维护和执行党的纪律。加强对村、组干部和经济组织、社会组织负责人的教育、管理和监督，培养村级后备力量。做好本村招才引智等工作。

（5）组织群众、宣传群众、凝聚群众、服务群众，经常了解群众的批评和意见，维护群众正当权利和利益，加强对群众的教育引导，做好群众思想政治工作。

（6）领导本村的社会治理，做好本村的社会主义精神文明建设、法治宣传教育、社会治安综合治理、生态环保、美丽村庄建设、民生保障、脱贫致富、民族宗教等工作。

31. 什么是村"两委"？

村"两委"是村党支部委员会和村民委员会的简称，习惯上将前者简称为"村支部"，将后者简称为"村委会"。

村党支部委员会是中国共产党的基层组织之一，是党在农村全部工作和战斗力的基础，全面领导本村各类组织和各项工作。根据《中国共产党农村基层组织工作条例》第八条中规定，村党支部委员会一般设委员3～5名，其中，书记1名，必要时可以设副书记1名，组织委员、宣传委员、纪检委员各1名。

村民委员会是村民自我管理、自我教育、自我服务的基层群众性自治组织，实行民主选举、民主决策、民主管理、民主监督。根据《中华人民共和国村民委员会组织法》第六、第七条规定，村民委员会由主任、副主任和委员共3～7人组成。村民委员会成员中，应当有妇女成员，多民族村民居住的村应当有人数较少的民族的成员。村民委员会根据需要设人民调解、治安保卫、公共卫生与计划生育等委员会。村民委员会成员可以兼任下属委员会的成员。人口少的村的村民委员会可以不设下属委员会，由村民委员会成员分工负责人民调解、治安保卫、公共卫生与计划生育等工作。

32. 驻村第一书记制度在乡村治理中的作用体现在哪些方面？

自2001年安徽省向农村派驻第一书记并取得显著成效后，一些地方政府也开始向农村派驻第一书记，为破解中国农村治理难题进行了有益探索。在总结地方探索经验的基础上，2015年中共中央组织部、中央农村工作领导小组办公室和国务院扶贫开发领导小组办公室联合印发《关于做好选派机关优秀干部到村任第一书记工作的通知》，决定对全国57 688个党组织软弱涣散村和12.8万个贫困村选派驻村第一书记。这标志着驻村第一书记制度上升为国家顶层设计。精准扶贫期间，驻村第一书记在建强农村基层组织、助力脱贫攻坚、加强农村治理、改善农村公共服务方面成效突出，涌现出一批懂农村、懂农民、熟悉县乡村三级治理的优秀干部。为推动驻村第一书记制度在乡村振兴期间发挥更大的作用，2021年1月，中央1号文件《中共中央 国务院关于全面推进乡村振兴加快农业农村现代化的意见》提出："坚持和完善向重点乡村选派驻村第一书记和工作队制度。"驻村第一书记制度不仅成为党消除农村贫困、建强农村基层党组织、促进农村经济发展及培养锻炼干部的重要途径，也成为党了解农村、农业、农民最直接、最权威的渠道（丁辉侠，2022）。

驻村第一书记在乡村治理中的作用体现在：一是推进农村基层组织建设。派遣的第一书记多为有较高知识水平、思路开阔的行政事业单位在职人员，政治素质高、业务能力强。在实际工作中，从完善、落实规章制度入手，健全村务公开制度、细化村规民约，自觉带领村"两委"班子将"四议两公开"工作制度落到实处，在很大程度上推进了农村基层组织建设（郭小聪和曾庆辉，2020）。二是促进农村经济发展。第一书记具有综合素质好、学历层次较高、工作经历丰富、思维视野开阔的优势，能够充分理解并运用国家方针政策，通过联结外部资源给村庄带来更多的项目、资金。在实际工作中，往往能够与村"两委"班子顺畅合作，多方考察学习，厘清发展思路，找准并制定适合村庄经济发展的路径（黄润凤，2021）。三是完善村级基础设施。驻村第一书记可以综合利用单位资源与个人能力解决所驻村面临的现实问题，完善农贸市场、人畜饮水、医疗卫生、文化活动等基础设施建设，从根本上改变乡村基础设施条件，推动所驻村高质量发展（丁辉侠，2022）。四是维护农村社会稳定。第一书记驻村后，往往能够积极发挥党建引领作用，吃透村情民意，贴近群众，察民情，积极宣传党和国家的方针政策、法律法规，教育引导村民知法、守法、用法，增强村民法治观念，引领带动全体村民讲法律，宣扬道德，推进乡村法治和善治（刘洋，2021）。

33. 党的二十大报告中关于积极发展基层民主的重要论述包含哪些内容？

　　党的二十大报告指出，"全过程人民民主是社会主义民主政治的本质属性，是最广泛、最真实、最管用的民主"，并且从加强人民当家作主制度保障、全面发展协商民主、积极发展基层民主、巩固和发展最广泛的爱国统一战线4个方面提出了具体要求，指出发展全过程人民民主是中国式现代化的本质要求之一。

　　积极发展基层民主。基层民主是全过程人民民主的重要体现。广大人民群众最直接的政治参与主要在基层，最直观的当家作主感受也主要在基层，发展基层民主是发展全过程人民民主的应有之义。

　　用民主的渠道、用民主的方式来吸纳各方面群众的意见，让群众有表达的空间，通过协商的方式来解决基层群众遇到的急难愁盼问题，是全过程人民民主发展的重要实践方向（陈立明，2022）。党的十八大以来，从城乡社区的村（居）民议事会、村（居）民论坛、民主恳谈会、民主听证会到党代会代表、人大代表、政协委员进社区，从"小院议事厅"到"板凳民主"，从线下"圆桌会"到线上"议事群"，中国人民在火热的新时代基层民主生活实践中，摸索和创造出一个又一个基层民主新形式。在乡村振兴重大战略背景下，农村基层民主通过普通农民提议和议事组织提议等方式征求农民的意见，农民可以通过多种渠道表达诉求。普通农民既可以加入村民议事会、宗族理事会、村落理事会等组织平台，也可以通过填写村级公共资金使用意见征集表、满意度调查表等方式直接表达需求（王海娟，2021）。同时，基层党组织、村民委员会、议事会等基层组织在民主决策中发挥作用并日趋完善，不断提升农村基层民主决策能力。

34. 党的二十大报告提出"建设宜居宜业和美乡村"，如何通过和美乡村建设提高乡村治理水平？

习近平总书记在党的二十大报告中强调："全面建设社会主义现代化国家，最艰巨最繁重的任务仍然在农村。坚持农业农村优先发展，坚持城乡融合发展，畅通城乡要素流动。"同时，把"全面推进乡村振兴，加快建设农业强国"作为推动经济社会高质量发展的战略重点，把"统筹乡村基础设施和公共服务布局，建设宜居宜业和美乡村"作为新时代新征程正确处理好工农城乡关系的重大战略部署。这是继21世纪初党的十六届五中全会提出社会主义新农村建设，党的十九大提出实施乡村振兴战略、开展生态宜居的美丽乡村建设之后，中央对乡村建设的最新定位和最新要求。

唐珂（2022）从文化探源的视角提出美丽乡村建设经历了三个阶段。第一阶段是自21世纪起到党的十八大，时任浙江省委书记的习近平同志前瞻性地提出"绿水青山就是金山银山"理念，部署实施"千村示范、万村整治"工程，率先开展美丽乡村建设，各地结合社会主义新农村建设进行了许多有益探索。第二阶段是党的十八大以后，以习近平同志为核心的党中央站在战略和全局的高度，指出生态兴则文明兴、生态衰则文明衰，对生态文明建设和生态环境保护提出了一系列新论断、新要求。第三阶段是2020年打赢脱贫攻坚战后，"三农"工作重心历史性地转向全面推进乡村振兴，进而提出宜居宜业和美乡村从内到外、由表及里、塑形铸魂的建设目标，体现了乡村建设从形到神的更高要求，体现了生产、生态、生活、人文的高度统一。

黄祖辉和胡伟斌（2023）在《半月谈》发表《重估新乡村，再造新价值》一文，指出"如何走好农业农村现代化之路？激活乡村资源、再现和再造乡村价值，是关键一环"。同时，提出"五条路径激活乡村价值"，路径之一即"要加快完善乡村治理体系，实现高效率社会价值"。同时指出，加快完善乡村治理体系：一是强化乡村基层党组织建设。选优配强村级组织干部队伍，选好用好乡村发展带头人，增强其资源配置和带领广大农民群众共创共富的能力。二是提升乡村自治水平。要通过赋权赋能以及自组织和他组织的协调发展，增强农民主体性和自主性，激发农村社区的自治活力。要进一步丰富治理资源，充分发挥返乡创业青年、乡村能人在乡村自治中的作用，不断丰富治理体系。三是增强法治与德治合力。要完善乡村法治体系，提高法治效率，同时将社会主义核心价值观和乡村优秀传统文化、文明风尚融入德治体系，使法治与德治紧密结合，形成刚柔相济、张弛有度的乡村善治格局。

法治

FAZHI

35. 乡村治理中的"法治"指什么？

党的十九大报告提出："加强农村基层基础工作，健全自治、法治、德治相结合的乡村治理体系。"乡村振兴是实现中华民族伟大复兴的一项重大任务，要充分发挥法治对乡村振兴固根本、稳预期、利长远的保障作用。2020年中央全面依法治国委员会印发《关于加强法治乡村建设的意见》，其中，指导思想部分指出："坚持以社会主义核心价值观为引领，着力推进乡村依法治理，教育引导农村干部群众办事依法、遇事找法、解决问题用法、化解矛盾靠法，走出一条符合中国国情、体现新时代特征的中国特色社会主义法治乡村之路，为全面依法治国奠定坚实基础。"同时，提出加强法治乡村建设的主要任务包括：完善涉农领域立法、规范涉农行政执法、强化乡村司法保障、加强乡村法治宣传教育、完善乡村公共法律服务、健全乡村矛盾纠纷化解和平安建设机制、推进乡村依法治理、加快"数字法治·智慧司法"建设、深化法治乡村示范建设。

36. 建设法治乡村的关键是什么？

建设法治乡村，完善立法是关键。2018年中央1号文件《中共中央 国务院关于实施乡村振兴战略的意见》首次明确"建设法治乡村"；2020年3月，中央全面依法治国委员会下发《关于加强法治乡村建设的意见》，同年11月，习近平总书记在中央全面依法治国工作会议上，对全面依法治国提出

11 个方面的重点要求，强调要以良法善治保障新业态、新模式健康发展。这些政策文件和决策部署，可以通过行政、经济、文化、社会和法治等多维视角和现实举措加以务实推进，其中通过立法加以保障无疑更具有刚性。

《关于加强法治乡村建设的意见》主要任务中排在首位的即完善涉农领域立法。围绕乡村振兴战略实施过程中面临的新情况、新问题，健全完善涉农法律法规，重点就维护农民权益、规范市场运行、农业支持保护、农村生态环境治理、化解农村社会矛盾等方面加强制度建设，充分发挥法律的引领、规范、保障和推动作用。开展涉农法律法规的立法后评估工作，提高农业农村领域立法科学性，促进相关法律法规有效实施。结合相关法律法规施行情况，制定出台涉农法律法规配套制度措施。对不适应改革要求的法律法规，及时修改或废止。

立法是法治的基础。在法治乡村建设过程中，公民权益的平等保护、村规民约的有效实施、基层治理体系和平台的融合建设、村民主体地位的充分体现等方面的问题仍然不同程度存在。2020 年 9 月 24 日，《湖州市法治乡村建设条例》经浙江省十三届人大常委会第二十四次会议批准通过。作为全国首部乡村法治建设的地方性立法，《条例》结合湖州实际，在乡村事务治理、乡村法治规范化建设、乡村公共法律服务、乡村平安和谐 4 个重点方面予以规范，通过制度层面的设计，从解决群众利益诉求角度出发，推进法治乡村建设，助推乡村振兴战略实施。

37. 建设法治乡村的根本是什么？

党的二十大报告中，习近平总书记强调要"坚持人民至上"。"人民"二字在二十大报告中出现了100多次，体现了中国共产党不忘初心，亲民爱民、以民为本的人本精神。建设法治乡村，同样要以维护农民权益为根本。

　　随着城市化进程的加快，在农村土地征用、宅基地置换过程中，部分农民的合法权益受到侵害。另外，随着一系列惠农政策的出台，乡村治理的内容越来越丰富，中央惠农补贴越来越多，如何把这些惠农政策真正公平合理地落实到每个农民身上，是党和国家最关心的问题。特别是一些经济比较发达的农村地区，土地流传使得农村土地的价值越来越高，在土地制度变革、农村建制变化、撤村并居等社会变迁中对农民话语权的保护，直接关系到每个农民的切身利益。因此，必须通过法治乡村建设维护农民权益，保证村庄公共利益合理公正地分配。

　　《中共中央 国务院关于实施乡村振兴战略的意见》要求，"强化法律在维护农民权益、规范市场运行、农业支持保护、生态环境治理、化解农村社会矛盾等方面的权威地位"。积极探索新时代基层社会治理新模式，彻底消除乡村

"法律盲区"，让法律在乡村家喻户晓、有效实施，充分发挥法治在我国农业农村现代化进程中固根本、稳预期、利长远的重要作用。平等对待村民权利，及时清理违背法律的村规民约。积极维护村民权益，依法撤销损害村集体和村民利益的行为或者决定。优化普法机制，把将法律文本"交"给农民转换为将法律知识"教"给农民，提高农民法治素养和维权能力。

38. 建设法治乡村的基础是什么？

党的二十大报告提出，"坚持和发展马克思主义，必须同中华优秀传统文化相结合。只有植根本国、本民族历史文化沃土，马克思主义真理之树才能根深叶茂"。文化是乡村振兴之魂，将乡村文明建设与中华优秀传统文化相结合，培育具有中国特色的文明乡风，守住乡愁、凝聚人心、提振精气神，是乡村振兴的重要保障。

建设法治乡村，移风易俗是基础。目前，乡村中或多或少存在一些不容忽视的陈规陋习、不良风俗，与社会主义核心价值观和中华传统美德相违背，大操大办酒宴、厚葬薄养、人情攀比等问题日益突出，不仅影响社会风气，也给群众带来了巨大的经济负担。2019年6月，中共中央办公厅、国务院办公厅印发《关于加强和改进乡村治理的指导意见》指出："以自治增活力、以法治强保障、以德治扬正气，健全党组织领导的自治、法治、德治相结合的乡村治理体系。"该文件第八条"实施乡风文明培育行动"中还指出："全面推行移风易俗，整治农村婚丧大操大办、高额彩礼、铺张浪费、厚葬薄养等不良习俗。"

2022 年，国家乡村振兴局等 8 部门联合印发《开展高价彩礼、大操大办等农村移风易俗重点领域突出问题专项治理工作方案》，明确自 2022 年 8 月至 2023 年 12 月开展专项治理工作，重点整治高价彩礼、人情攀比、厚葬薄养、铺张浪费等陈规陋习，减轻农民群众在这些方面的支出负担。

移风易俗是乡风文明的重要实现方式，也是乡村文化振兴的重要抓手。刘平平和任晓刚（2022）指出："开展移风易俗工作，要以保障和改善农村民生为优先方向，加强乡村精神文明与文化生活建设，组织形式多样的群众文化活动，让农民得到更好的组织引领、社会服务，加快构建党组织领导的乡村治理体系。"张永勋和陈秧分（2022）提出："党员、干部要以身作则发挥带头作用，严格落实农村党员、干部操办婚丧喜庆等事宜报备制度，不参加违反规定的红白事，争做移风易俗的带动者、传播者和践行者。在社会公德、职业道德、家庭美德、个人品德建设方面作出表率，发挥示范引领作用，以优良的党风促政风、带民风。成立乡村道德评议会、红白理事会、禁赌禁毒会，强化乡村'两委'监督和教化作用。"

39. 《中华人民共和国民法典》有哪些关于保护农民权利的规定？

党的十九大报告提出乡村振兴战略。实现乡村振兴战略，离不开农民这一基本主体。关于农民的权利，在民法典出台之前，土地管理法、农村土地承包法等法律法规和其他政策性文件规定了农民享有土地承包经营权、征收承包地的补偿权、宅基地的使用权等权利。2021 年 1 月 1 日实施的民法典，对农民享有的上述权利也有所体现。在此基础上，民法典还规定了农民享有以下权利：

民法典第二百六十一条规定：下列事项应当依照法定程序经本集体成员决定：土地承包方案以及将土地发包给本集体以外的组织或者个人承包；个别土地承包经营权人之间承包地的调整；土地补偿费等费用的使用、分配办法；集体出资的企业的所有权变动等事项；法律规定的其他事项。

民法典第二百六十四条规定：农村集体经济组织或者村民委员会、村民小组应当依照法律、行政法规以及章程、村规民约向本集体成员公布集体财产的状况。集体成员有权查阅、复制相关资料。

民法典第二百六十五条规定：集体所有的财产受法律保护，禁止任何组织或个人侵占、哄抢、私分、破坏。农村集体经济组织、村民委员会或者其负责人作出的决定侵害集体成员合法权益的，受侵害的集体成员可以请求人民法院予以撤销。

民法典第三百四十一条规定：流转期限为五年以上的土地经营权，自流转合同生效时设立。当事人可以向登记机构申请土地经营权登记；未经登记，不得对抗善意第三人。

40. 如何保障农民的宅基地权益？

宅基地是农村村民的基本居住保障用地。《中央农村工作领导小组办公室 农业农村部关于进一步加强农村宅基地管理的通知》（中农发〔2019〕11号）规定，农村宅基地是农村村民用于建造住宅及其附属设施的集体建设用地，包括住房、附属用房和庭院等用地。加强农村宅基地管理，最终目的是保护农民的合法权益。《通知》强调，要充分保障宅基地农户资格权和农民房屋财产权。不得以各种名义违背农民意愿强制流转宅基地和强迫农民"上楼"，不得违法收回农户合法取得的宅基地，不得以退出宅基地作为农民进城落户的条件。

《通知》要求，严格落实"一户一宅"规定。农村村民一户只能拥有一处宅基地，面积不得超过本省、自治区、直辖市规定的标准。农村村民应严格按照批准面积和建房标准建设住宅，禁止未批先建、超面积占用宅基地。经批准易地建造住宅的，应严格按照"建新拆旧"要求，将原宅基地交还村集体。农村村民出卖、出租、赠与住宅后，再申请宅基地的，不予批准。对历史形成的宅基地面积超标和"一户多宅"等问题，要按照有关政策规定分类进行认定和处置。人均土地少、不能保障一户拥有一处宅基地的地区，县级人民政府在充分尊重农民意愿的基础上，可以采取措施，按照省、自治区、直辖市规定的标准，保障农村村民实现"户有所居"。

《通知》鼓励村集体和农民盘活利用闲置宅基地和闲置住宅，通过自主经营、合作经营、委托经营等方式，依法依规发展农家乐、民宿、乡村旅游等。城镇居民、工商资本等租赁农房居住或开展经营的，要严格遵守合同法的规定，租赁合同的期限不得超过二十年。合同到期后，双方可以另行约定。在尊重农民意愿并符合规划的前提下，鼓励村集体积极稳妥开展闲置宅基地整治，整治出的土地优先用于满足农民新增宅基地需求、村庄建设和乡村产业发展。闲置宅基地盘活利用产生的土地增值收益要全部用于农业农村。在征得宅基地所有权人同意的前提下，鼓励农村村民在本集体经济组织内部向符合宅基地申请条件的农户转让宅基地。各地可探索通过制定宅基地转让示范合同等方式，引导规范转让行为。转让合同生效后，应及时办理宅基地使用权变更手续。对进城落户的农村村民，各地可以多渠道筹集资金，探索通过多种方式鼓励其自愿有偿退出宅基地。

41. "枫桥经验"的起源和发展过程是什么？

"枫桥经验"是指 20 世纪 60 年代初，浙江省诸暨县（现诸暨市）枫桥镇干部群众创造的"发动和依靠群众，坚持矛盾不上交、就地解决，实现捕人少、治安好"的经验，为此，1963 年毛泽东同志就曾亲笔批示"要各地仿效，经过试点，推广去做"。"枫桥经验"由此成为全国政法战线的一面旗帜。之后，"枫桥经验"不断发展，形成了具有鲜明时代特色的"党政动手，依靠群众，预防纠纷，化解矛盾，维护稳定，促进发展"的枫桥新经验，成为新时期把党的群众路线坚持好、贯彻好的典范。

"枫桥经验"主要可以概括为三个方面：一是"小事不出村，大事不出镇，矛盾不上交，就地化解"。为此，枫桥在各村（居）委会，甚至在一些重点企业都建立了相应的调解组织。此外，枫桥镇在健全普法工作网络的基础上，每年投入 20 多万元用于法制宣传教育，并对曾经有过违法行为的人员，坚持"不推一把拉一把，不帮一时帮一世"的原则。二是帮扶刑满释放人员。大部分刑满释放人员已成为自食其力的劳动者，改好率达 99.15%。三是推出外来务工人员管理新模式。随着经济发展，枫桥镇针对外来务工人员推出新的管理模式，统一为外来员工解决住房和子女入学等问

题，每年还评比"十佳外来优秀青年"，授予中高级人才
"荣誉镇民"称号。

2003 年 11 月，时任浙江省委书记的习近平同志在浙江
纪念毛泽东同志批示"枫桥经验"40 周年大会上明确提出，
要牢固树立"发展是硬道理、稳定是硬任务"的政治意识，
充分珍惜"枫桥经验"，大力推广"枫桥经验"，不断创新
"枫桥经验"，切实维护社会稳定。

新时代"枫桥经验"主要内容是在开展社会治理中实行
"五个坚持"，即坚持党建引领，坚持人民主体，坚持"三治
融合"，坚持"四防并举"，坚持共建共享。人民主体是新时
代"枫桥经验"的核心价值，实现人民的利益是新时代"枫
桥经验"的价值导向。党建引领是新时代"枫桥经验"的政
治灵魂，反映了新时代"枫桥经验"的本质特征。路径创新
是新时代"枫桥经验"的实践特质。坚持自治、法治、德治
"三治融合"是新时代"枫桥经验"的主要路径。人防、物
防、技防、心防"四防并举"是新时代"枫桥经验"的重要
手段。共建共享是新时代"枫桥经验"的工作格局。

42. 党的二十大报告对"枫桥经验"的新阐述和新要求有哪些？

2022 年 10 月 16 日上午，中国共产党第二十次全国代
表大会开幕，习近平总书记作了题为"高举中国特色社会主
义伟大旗帜 为全面建设社会主义现代化国家而团结奋斗"
的报告，报告第十一部分"推进国家安全体系和能力现代
化，坚决维护国家安全和社会稳定"第四点"完善社会治理
体系"中指出：健全共建共治共享的社会治理制度，提升社

会治理效能。在社会基层坚持和发展新时代"枫桥经验"，完善正确处理新形势下人民内部矛盾机制，加强和改进人民信访工作，畅通和规范群众诉求表达、利益协调、权益保障通道，完善网格化管理、精细化服务、信息化支撑的基层治理平台，健全城乡社区治理体系，及时把矛盾纠纷化解在基层、化解在萌芽状态。

2019 年以来，新时代"枫桥经验"已被连续写入党的十九届四中全会《决定》、五中全会《建议》和六中全会《决议》。新时代"枫桥经验"已成为坚持和完善中国特色社会主义制度、推进国家治理体系和治理能力现代化的有机组成部分，成为新时代预防化解社会风险、创新基层社会治理、促进社会平安和谐的重要法宝。

43. "浦江经验"在推进乡村基层治理中有哪些具体做法？

"浦江经验"是习近平总书记在浙江工作期间亲自倡导并带头下访接访群众形成的好经验好做法，示范带动真下真访民情、实心实意办事，是改善干群关系、加强基层治理的生动实践。2002 年 10 月，习近平同志调任浙江，立刻开启了马不停蹄的调研，在一个个村庄里，他察民情、听民声，农村环境问题成为他关注的重点——不蓝的天、不清的水、不绿的山，折射的是不平衡、不协调、不可持续的发展模式，本质问题是没有处理好发展和环境保护的关系。2003 年是浙江省信访工作的重要时间点，浙江全省推广领导下访接待群众制度。曾经的"水晶之城"——浙江省金华市浦江县，家家户户建水晶作坊，很多村里的河水因为浸入水晶打磨的粉末变成了白色，生态环境质量公众满意度列全省倒数第一位，基于此，时任浙江省委书记的习近平同志将下访的第一站定在浦江。那时的浦江县，以信访量大、越级上访多而"闻名"。习近平同志亲自接待了9批20余位来访群众，解决了一批久拖不决的难题。秉承"污染河流、毁坏家园，哪怕金碗也要把它砸了"的理念，浦江县掀起一场水晶产业整治雷霆行动，终于摘掉了"全省最脏县"的黑帽子。

2023年是"浦江经验"20周年重要时点，经过20年的发展，以"变群众上访为领导下访，深入基层，联系群众，真下真访民情，实心实意办事"为主要内容的"浦江经验"依然展现出强大的生命力。"浦江经验"的出发点和落脚点是解决好人民群众最关心、最直接、最现实的利益问题，各级领导干部亲自接待群众、亲自阅批来信、亲自协调处理、亲自督查督办，"零距离"倾听民声，面对面为民解难，真正把信访工作做到群众心坎上。同时，将相关工作与"大兴调查研究"结合起来，问计于民、问需于民，在群众工作中检视问题、修正错误，在调查研究中找准药方、找准解决问题的思路办法，在解决实际问题中着力防范化解重大风险。综合运用法律、政策、经济、行政等手段和教育、调解、疏导等基层乡村治理方法和手段，把群众合理合法的利益诉求解决好。在联系群众中赢得民心，将矛盾纠纷化解在基层，创成和谐稳定的乡村基层社会。

44. 网格化管理在乡村基层社会治理中的作用有哪些？

网格化管理是在乡镇（街道）、社区（村）大格局不变的基础上，把乡镇（街道）划分为若干个单元网格，组建相应服务团队，点对点、面对面地为群众提供服务的一种乡村基层治理体系。网格治理作为基层社会治理的"最后一公里"，在落实上级政策、服务群众民生、化解矛盾纠纷等方面起着重要作用。

浙江是全国实施网格化管理的先行区。2007年，舟山市普陀区以桃花镇为试点，开展了"网格化管理，组团式服务"工作，这是一种崭新的基层管理服务模式。2008年，这一新模式在普陀全区推行。全区12个乡镇（街道）、73个社区（村），12.4万户共32万名居民，被划分为706个"网格"。全区居民都被一一"定位"到单元网格中，每个网格配备一支服务团队，每支服务团队一般由1～2名乡镇（街道）机关干部、1～2名社区（村）干部、1名医护人员、1名教师、1名民警等组成。服务团队的任务是主动发现自己责任区域中的问题，定期或不定期地联系服务群众，并帮助协调解决群众反映的问题和困难。实践表明，网格化管理这一基层治理新模式，强化了基层组织社会管理和公共服务能力，在日常办事服务和强化管理方面，小小网格发挥出了大大的作用，真正实现了全面化、精准化、有效化服务群众"最后一公里"，同时，还畅通了群众利益诉求渠道，拉近了干部与群众间的距离。

浙江省衢州市的网格工作起步于2017年。2020年1月1日，在对网格化管理的探索中，衢州诞生了全国首部网格化服务管理地方性法规——《衢州市城乡网格化服务管理条例》，用于指导城乡基层治理工作。随后，相继出台《衢州市网格工作考核管理办法》《衢州市进一步加强全科网格建设二十条举措》《衢州市全科网格建设与运行规范》等市级地方文件、标准，为全国实现网格运行标准化、规范化、法治化提供了实践样本。衢州市还探索建立了"网格＋警务""网格＋检察""网格＋气象""网格＋法院"等"网格＋"工作模式，补齐基层治理的短板弱项，把难点、痛点扭转为撬动社会进步的支点，不断提升新时代乡村社会治理水平。

网格服务队

45. 什么是乡村治理积分制？

　　乡村治理的一个关键问题是如何在越来越强调程序正当和权力过程规范的技术治理倾向下，促进乡村内生治理动力的形成，从而提高村庄内部的治理效能。近年来，结合村庄自发实践，积分制被视为一项可以用来塑造和培育乡村内生治理动力的新制度形式，受到来自中央层面的鼓励并被推广。所谓乡村治理积分制指的是在农村基层党组织领导下，通过民主程序，将乡村治理各项事务转化为数量化指标，对农民日常行为进行评价形成积分，并给予相应精神鼓励或物质奖励的一种激励约束机制。

最早提到积分制的中央文件是 2018 年《中共中央 国务院关于打赢脱贫攻坚战三年行动的指导意见》，该文件提出：推广以表现换积分、以积分换物品的"爱心公益超市"等自助式帮扶做法，实现社会爱心捐赠与贫困群众个性化需求的精准对接。最初积分制是作为一种扶贫举措被提出的。2020年 7 月，中央农村工作领导小组办公室、农业农村部印发了《关于在乡村治理中推广运用积分制有关工作的通知》，全面启动了在乡村治理中推广运用积分制工作，明确指出："按照党中央、国务院关于加强和改进乡村治理的部署要求，各地大力加强乡村治理体系和治理能力建设，积极推进乡村治理创新，一些地方采用积分制推进乡村治理，取得了良好效果，涌现出一批好做法好经验。实践证明，积分制可以有针对性地解决乡村治理中的重点难点问题，符合农村社会实际，具有很强的实用性、操作性，是推进乡村治理体系和治理能力现代化的有益探索。"

46. 为什么积分制能在乡村治理中显实效？

积分制在乡村治理中"生根发芽"，呈现出很强的适应性，主要是切合农村实际，简单易行，将农民群众心中所感、眼中所见转化为具体分值，让乡村治理由无形变有形，使软约束有了硬抓手、模糊感觉变为精确赋分，让大家的共识显性化，"小积分"解决了"大问题"。从实践看，积分制发挥了 4 个方面的作用[1]。

---

[1] 韩俊. 在乡村治理中因地制宜推进积分制 [J]. 农村工作通讯，2020 (16)：4-6.

一是突显了农民在乡村治理中的主体地位。不少农村地区村庄管理难，关键是农民群众长期游离在村庄公共事务之外，村干部开展工作一头热；甚至由于村庄公共事务管理机制不畅，造成干群关系紧张。随着人口外流，村庄人口结构改变较大，"事不关己、高高挂起"、公共意识淡薄的现象普遍存在，乡村治理难以取得良好效果。积分制将各类村级事务和农民行为量化，推动了乡村治理由"村里事"变"家家事"，并通过建立与积分结果挂钩的奖励和惩戒措施，将"要我参与"变成"我要参与"，不断提升农民群众在乡村治理中的主人翁意识，调动了农民参与治理的积极性、主动性、创造性。

二是增强了对农民群众的激励和约束。传统乡村社会较为封闭和稳定，很多事不需要说得太明白、算得太清楚，"公道自在人心"，乡村正义和公平会在长期的人际交往中实现平衡。但随着城镇化快速推进，乡土社会稳定性受到影响，血缘性和地缘性减弱，传统习俗约束力降低，有些村庄虽然形还在、但神已散，优秀的道德规范、公序良俗失效，不孝父母、不管子女、不守婚则、不睦邻里的现象增多，部分"不讲理""不道义"行为让人无可奈何，而作出贡献的也无所得，"老实人吃亏"破坏了农村社会风气，乡村秩序的基础受到冲击。积分制使村民行为有了具体的评价标准，"德者有得"有了明确依据，增强了对农民群众个体行为的激励约束，形成了群众间比学赶超的氛围，有助于农民律己向善，培育文明乡风、良好家风和淳朴民风。

三是创新了"三治融合"的载体。积分制体现了党组织领导下"三治融合"的治理理念，是自治、法治、德治的显性化、具体化。发挥村民自治作用，村民广泛参与是积分制的基础，同时发挥老教师、老战士、老模范、老干部、老党员等群体作用，鼓励村民议事会、法律服务团、道德评议团等监督评议，激发了村民自我管理、自我服务的热情；融合德治内容，将互助互爱、移风易俗、勤劳致富、好人好事、良好家风、公益活动等纳入积分管理，为行为规范立标尺、让公序良风加分值，"存进去的是美德，取出来的是荣誉"，促进乡村风气转变；强调法治思维，把法律法规的相关要求贯彻到积分制实施中，将遵纪守法情况作为积分考评的重要方面。实践证明，运行效果好的积分制都充分体现了自治、法治和德治有机结合。将各种治理方式融入积分制，让乡村事务管理更加高效，为"三治融合"提供了很好的载体。

四是提高了乡村治理效能。有的村基层党组织的凝聚力、号召力和战斗力不强，集体经济薄弱，一些村干部在乡村治理中存在本领恐慌，"老办法不能用、新办法不会用、软办法不顶用、硬办法不敢用"。积分制把纷繁复杂的村级事务标准化、具象化，解决了乡村治理工作"没依据、没抓手、没人听"的问题；并且将村级事务与村民利益紧密联系起来，让乡村治理由"任务命令"转为"激励引导"，村干部和农民群众形成了共同目标，节约了管理成本，提升了治理效能。

47. 如何加大基层小微权力腐败惩治力度？

村级小微权力看似微小，却连着民生，关系人心向背。中共中央办公厅、国务院办公厅印发《关于加强和改进乡村治理的指导意见》，在"主要任务"部分第十四条指出：规范乡村小微权力运行，明确每项权力行使的法规依据、运行范围、执行主体、程序步骤。建立健全小微权力监督制度，形成群众监督、村务监督委员会监督、上级部门监督和会计核算监督、审计监督等全程实时、多方联网的监督体系。织密农村基层权力运行"廉政防护网"，大力开展农村基层微腐败整治，推进农村巡察工作，严肃查处侵害农民利益的腐败行为。

在实践中，2014 年，浙江省宁波市宁海县委出台村级小微权力清单"36 条"，明确了村级重大事项、工程、民生等 19 条集体管理事项和 17 条便民服务事项。这一做法被写入 2018 年中央 1 号文件《中共中央 国务院关于实施乡村振兴战略的意见》中，将村级小微权力关进制度的笼子，预防"苍蝇式"腐败、小官巨贪的"宁波解法"，随着中央 1 号文件的出台，正式向全国推广。宁海在乡村小微权力监管制度创新方面的步伐从未停止、制度执行的尺度从未放松。在原有的基础上，2018 年，宁海探索推出了"线上＋线下"全方位全周期监管体系，上线村级小微权力"36 条"智慧运行系统；2021 年 6 月至 8 月，宁海以数字化改革为契机，相继上线村级小微权力"36 条"多跨场景应用和"监督一点通"服务平台，群众只需指尖点一点，就可以及时了解村里的重大事项、村级采购、资产资源、三务公开等信息，还能留言提出意见和建议；2022 年 7 月，宁海拓展标准化应用领域取得新突破，参与制定的《村务管理》3 项国家标准正式发布实施，"36 条"经验上升为国家标准；2022 年 7 月，宁海县纪委全面梳理违反"36 条"的典型案例和典型问题，又创新推出了"36 条"负面清单，为村社干部"量身定做"了行权界限，为乡镇（街道）规范处置违规行为提供了依据，进一步深化村级小微权力规范运行。

48. 如何加强乡村公共法律服务供给？

党的二十大报告强调指出"建设覆盖城乡的现代公共法律服务体系"。社会治理的基础在基层，薄弱环节在乡村。要加强这些薄弱环节，发挥中国特色社会主义制度的优势，增强乡村公共法律服务供给，提高乡村公共法律服务质量。为村民百姓提供多样化、个性化、多层次、高品质的乡村公共法律服务产品是重大的民心工程。

中共中央办公厅、国务院办公厅印发《关于加强和改进乡村治理的指导意见》指出：充分发挥人民法庭在乡村治理中的职能作用，推广车载法庭等巡回审判方式。加强乡镇司法所建设。整合法学专家、律师、政法干警及基层法律服务工作者等资源，健全乡村基本公共法律服务体系。深入推进公共法律服务实体、热线、网络平台建设，鼓励乡镇党委和政府根据需要设立法律顾问和公职律师，鼓励有条件的地方在村民委员会建立公共法律服务工作室，进一步加强村法律顾问工作，完善政府购买服务机制，充分发挥律师、基层法律服务工作者等在提供公共法律服务、促进乡村依法治理中的作用。

在实践中，山西省针对农村留守老人和儿童，探索建立法律服务台账，通过定期走访、移动联络、远程视频等方式随时掌握留守人员动态，充分满足其法律需求。四川省建设法治文化大院，内设公共法律服务工作室、综治办公室、人民调解室等，定期开展主题法治宣传、村民说事会等活动，将普法宣传以群众喜闻乐见的形式与乡村治理有机结合起来。浙江省促进乡村普法服务融合发展，创造性地搭建以法治宣传和法律服务为主要功能，涵盖省、市、县、乡、村五级的"之江法云"微信塔群，发布重要时政类、法治类资讯和新法律法规解读，提供法律援助和法律服务指引，被誉为"老百姓随身携带的公共法律顾问"。

49. 如何通过乡村建章立制推进法治乡村建设？

法治乡村建设是乡村振兴战略的重要组成部分，党的十九大提出，决胜全面建成小康社会、分两个阶段实现第二个百年奋斗目标，其中，到 2020 年乡村振兴取得重要进展，制度框架和政策体系基本形成。这一目标的实现离不开乡村建章立制。

新时代我国乡村建章立制是在《中共中央 国务院关于实施乡村振兴战略的意见》指导下，坚持法治为本，树立依法治理理念，强化法律在维护农民权益、规范市场运行、农业支持保护、生态环境治理、化解农村社会矛盾等方面的权威地位。具体而言：第一，乡村建章立制应在不与国家法律相违背的基础上，结合当地村规民约、习惯习俗，形成多元化的乡村制度基础。如在现有的乡村熟人社会蕴含的道德规范基础上，充分发挥自治章程、村规民约的积极作用，形成适合当前乡村法治建设的制度文本。第二，乡村建章立制应在重点领域有所突破，如土地经营承包、土地流转等领域。第三，乡村建章立制应就新型纠纷解决方式制度基础做进一步完善，如进一步建立健全乡村调解、县市仲裁、司法保障的农村土地承包经营纠纷调处机制相应制度文本，从而适应乡村制度建设的现实需求。

50. 如何通过乡村民众意识法治化推进法治乡村建设？

乡村民众意识法治化，是法治乡村建设的重要基石。习近平总书记指出："法治精神是法治的灵魂。人们没有法治精神、社会没有法治风尚，法治只能是无本之木、无根之花、无源之水。"换言之，法律的权威源自人民的内心拥护和真诚信仰。因此，法治乡村应该是人人尊法守法、事事找法用法、干部带头依法办事的乡村。要扎实推进法治乡村建设，必须着力建设社会主义法治乡村文化，促进乡村民众意识法治化。

促进乡村民众意识法治化：一要增强基层干部法治观念。乡村建设过程中，基层干部法治观念强不强，法治意识有没有，以及其能否带头尊法、守法极为关键。如果基层干部法治观念强，带头学法、模范守法，在工作中能够时刻做到依法办事，本身就是对法治很好的宣传，对乡村民众意识的法治化会起到重要推动作用；反之，如果基层干部不重视法治甚至不依法办事，那么对乡村民众意识法治化的破坏作用也是巨大的。因此，基层干部首先要带头遵守法律，带头依法办事，不去行使依法不该由自己行使的权力，更不能以言代法、以权压法、徇私枉法，要牢固确立法律红线不能触碰、法律底线不能逾越的观念。二要加大农村普法力度，提高农民法治素养，引导广大农民增强尊法、学法、守法、用法意识。法律的根基在于人民发自内心的拥护，法律的实施在于人民真诚的信仰。在法治乡村建设过程中，村民是重要的建设主体之一。同时，法治乡村建设离不开乡村法治文化建设。建设乡村法治文化，必须以村民为主体，加大乡村普法力度，创新普法工作方式方法，组织开展形式多样的法制宣传活动，引导全体村民自觉守法、遇事找法、解决问题靠法，使全体村民成为法治文化的忠实崇尚者、自觉遵守者、坚定捍卫者。

51. 什么是"平安乡村建设"？

平安是群众幸福生活的基础，更是社会和谐稳定发展的前提。2018 年中央 1 号文件《中共中央 国务院关于实施乡村振兴战略的意见》明确指出，要加强农村基层基础工作，构建乡村治理新体系，建设平安乡村。

2019 年中共中央办公厅、国务院办公厅印发《关于加强和改进乡村治理的指导意见》指出：推进农村社会治安防控体系建设，落实平安建设领导责任制，加强基础性制度、设施、平台建设。加强农村警务工作，大力推行"一村一辅警"机制，扎实开展智慧农村警务室建设。加强对社区矫正对象、刑满释放人员等特殊人群的服务管理。深入推进扫黑除恶专项斗争，健全防范打击长效机制。加强农民群众拒毒防毒宣传教育，依法打击整治毒品违法犯罪活动。依法加大对农村非法宗教活动、邪教活动打击力度，制止利用宗教、邪教干预农村公共事务，大力整治农村乱建宗教活动场所、滥塑宗教造像。推进农村地区技防系统建设，加强公共安全视频监控建设联网应用工作。健全农村公共安全体系，强化农村安全生产、防灾减灾救灾、食品、药品、交通、消防等安全管理责任。

52. 党的二十大报告中关于法治乡村建设的重要论述包含哪些内容？

党的二十大对推进法治中国建设作出重大决策部署，明确提出"建设覆盖城乡的现代公共法律服务体系，深入开展法治宣传教育，增强全民法治观念"的要求，同时强调"必须更好发挥法治固根本、稳预期、利长远的保障作用，在法治轨道上全面建设社会主义现代化国家"。法治乡村建设是我国法治社会建设的重要环节，加强法治乡村建设是实施乡村振兴战略、推进全面依法治国的基础性工作。

做好普法宣传工作，培养农民法治观念。在深化法治乡村建设过程中，一方面，要善于运用法治思维和法治方式解决群众关心关注的问题，注重发挥村规民约、家教家风作用，激活法治乡村建设的内生动力。另一方面，要把法治教育纳入精神文明创建内容，广泛开展群众性法治文化活动，如云南省司法厅"边疆法治文化长廊"、浙江"青年普法志愿者法治文化基层行"等"法治文化惠民行"活动，及时解决了人民群众迫切关注的法律难题。此外，还应积极引导乡村"法律明白人"开办普法"炕头讲堂"，以新颖的表达方式，不断增强法治宣传教育的实效性，形成学法律、促振兴的良好氛围。

发挥司法引领作用，提高农民守法自觉性。通过不断回应村民对民主法治的新需求，以公平正义和权利保护实现群众新期待。一是强化害农犯罪打击力度。聚焦平安乡村建设，依法打击各种危害"三农"犯罪，严惩操纵破坏农村基层换届选举、暴力插手民间纠纷、欺压残害百姓的"村霸"等农村黑恶势力，开展打击整治农村养老诈骗、电信诈骗专项行动，全力维护村民生命健康和财产安全。二是优化便农利农司法举措。全面推行诉讼服务下沉，积极探索"立审执"一体化体系，打通司法为民"最后一公里"。深化"一村一法官"工作机制实践，将诉讼服务延伸至村民家门口，让山高路远、行动不便、经济困难的老百姓充分感受司法便利。三是深化涉农纠纷溯源治理。创新发展"枫桥经验"，强化乡村矛盾纠纷预判和排查预警，围绕农业农村开展全方位、拉网式深入调研，总结农村常发、易发、多发案件类型，探索溯源治理新路径。

提升公共法律服务质效，夯实乡村振兴法治基础。通过涉农公共法律服务让法治走到村民身边，提升村民的法治获得感、幸福感、安全感。如通过用好公共法律服务热线、开展形式多样的村级议事协商活动、科学编制村级小微权力清单等形式，提升法律服务工作质量效果。加强县级公共法律服务中心和乡镇公共法律服务工作站建设，鼓励律师、基层法律服务工作者进村担任法律顾问，加快培养行政村"法治带头人"。整合资源力量，促进调解、仲裁、行政裁决等矛盾化解方式有机衔接，做到"小事不出村，大事不出乡"。深化平安乡村建设，健全农村社会治安防控体系，不断提升乡村治理精细化法治化水平。

德　治

DEZHI

53. 乡村治理中的"德治"指什么？

中华文明根植于农耕文明。习近平总书记指出："从中国特色的农事节气，到大道自然、天人合一的生态伦理；从各具特色的宅院村落，到巧夺天工的农业景观；从乡土气息的节庆活动，到丰富多彩的民间艺术；从耕读传家、父慈子孝的祖传家训，到邻里守望、诚信重礼的乡风民俗，等等，都是中华文化的鲜明标签，都承载着华夏文明生生不息的基因密码，彰显着中华民族的思想智慧和精神追求。"[1]同时指出："要推动乡村文化振兴，加强农村思想道德建设和公共文化建设，以社会主义核心价值观为引领，深入挖掘优秀传统农耕文化蕴含的思想观念、人文精神、道德规范，培育挖掘乡土文化人才，弘扬主旋律和社会正气，培育文明乡风、良好家风、淳朴民风，改善农民精神风貌，提高乡村社会文明程度，焕发乡村文明新气象。"[2]

所谓德治，即着力培育和弘扬蕴含中国优秀传统道德和时代感的社会主义核心价值观，结合中国乡村"熟人社会"的特点，强调以道德教化为主，引导形成爱党爱国、向上向善、自强不息、重义守信、亲仁善邻、孝老爱亲、勤俭持家等有浓厚中国传统文化特色的文明乡风、民风和家风，用本土农耕文化引导和教育群众行为有法度、价值有引领、操守

---

① 习近平.走中国特色社会主义乡村振兴道路［M］//论坚持全面深化改革.北京：中央文献出版社：406.

② 习近平.在参加十三届全国人大一次会议山东代表团审议时的讲话［N］.人民日报，2018－03－09.

有规范，带动乡风民风向善向好、求真求美（张永勋和陈秧分，2022）。

54. 乡村德治在乡村治理中起到哪些重要作用？

党的二十大报告提出要"建设宜居宜业和美乡村"，即强调乡村建设不仅是硬件改造，更重要的是塑造具有中国特色的文明乡风，守住乡愁、凝聚人心、提振精气神，在现代化过程中逐渐形成和谐的乡村治理机制，发扬具有中国特色的传统农耕文化。

首先，德治是乡风文明的重要保障。文化是乡村的灵魂，其形成与村庄的地理环境、资源禀赋和人文历史都高度相关。乡村文化来源多元、内容丰富且形式多样，不仅包括古村落建筑、田园风光、古法技艺等物质文化，也包含民风民俗、戏曲典故、生态观念、传统道德等非物质文化。乡村文化有利于增强乡民的集体记忆，提高个体对集体的向心力和荣誉感，是实现乡风文明的重要保障。

其次，德治是自治和法治的"润滑剂"。当前，虽然随着农村基层民主政治的发展，村民自我管理、自我服务的能力有所提升，但在具体的实践过程中，一些地方仍存在村民参与公共事务积极性较低、外部监管缺失、村委会行政负担过重等问题。而法治作为制度化的治理方式以及强制性的实施手段，对于几千年来我国农村形成的民间规则体系来讲，又过于刚性和僵化。在自治与法治之间，需要德治发挥"润滑剂"作用，既要借助道德手段提升村民的自治水平，又要结合乡村约定俗成的道德规范以及非正式规则，有效弥补法治的不足。

最后，德治是农村社会的"稳定器"。在城乡一体化的背景下，城乡融合发展稳步推进，社会分工更加高效，部分农村出现一定的衰落现象，人口老龄化趋势明显，空心化现象也一定程度在乡村客观存在，农村社会原有的道德价值体系遭受冲击，高价彩礼、人情攀比、厚葬薄养、铺张浪费、人情冷漠、奢靡享乐等不正之风在农村兴起，不利于农村社会的稳定以及农民生活质量的提升。因此，以德治为基础，积极加强村民的道德文化建设，重构农村的道德体系，弘扬自强不息、重义守信、亲仁善邻、孝老爱亲、勤俭持家等有浓厚中国传统文化特色的文明乡风、民风和家风，对于农村稳定以及农民生活质量提升具有重要意义。

55. 推进乡村德治面临的主要问题有哪些？

自治、法治都可以通过正式的社会组织、法律制度等推动，而德治作为一种"软约束"手段，其实施效果难以在短期内呈现，且其发挥的作用也存在一定的限制（徐茜，2018）。

首先，乡村德治的优秀农耕文化基础受到冲击。随着城市化进程的加快，社会层面对农耕文化的记忆逐渐淡化，农耕文化对社会的调节功能逐步弱化。各级政府部门对党的二十大报告所强调的关于"坚持和发展马克思主义，必须同中华优秀传统文化相结合"的重大战略意义认识还不充分、不全面、不深刻；对发掘弘扬优秀农耕文化对于实现全体人民共同富裕的重要性认识不足；对农耕文化的价值认同尚未形成，乡村文化自信不足，崇德向善、移风易俗的良好风尚还未成为村民的自觉意识和行为习惯。上述问题直接导致乡村德治作为乡村治理"软约束"的根基不牢，并直接限制了其作用的充分发挥。

其次，德治尚未与自治、法治有机结合。在乡村治理中，只有自治、法治、德治"三治融合"，以自治增活力，以法治强保障，以德治扬正气，才能切实增强人民群众的获得感、幸福感、安全感，促进宜居宜业和美乡村建设。但是在具体实践中，三者并不能完全有机结合。比如，部分村庄通过选举，将德高望重的村民选为村干部，这虽然创造了较高治理绩效，但却出现了权力过于集中且外部监督缺乏等问题。

最后，德治的"软性约束力"较弱。德治的本质是以道德规范、村规民约来实现对村民行为的约束，在实施手段和效力上很难与法治相比较。对于一些奢靡攀比、消极颓废、不守孝道等现象，德治只能起到引导作用，而风气的改变又是一个漫长反复的过程，若没有强制的约束机制以及科学的激励机制，很难有效改变不良风气。乡村人民祖祖辈辈生活在一个地方，是地方优秀传统文化的创造者和继承者。但目前，年轻人外出打工，本土的历史名人典故、精神、艺术、风俗、非物质文化遗产等传承受到极大挑战。因此，对于农村的很多问题，德治的约束力较弱，不能有效发挥作用。

56. 什么是农耕文化？

农耕文化是中华文化的鲜明标签，承载着华夏文明生生不息的基因密码，彰显着中华民族的思想智慧和精神追求。党的二十大报告提出："坚持和发展马克思主义，必须同中华优秀传统文化相结合。"习近平总书记指出："乡村文明是中华民族文明史的主体，村庄是这种文明的载体，耕读文明是我们的软实力[①]。"农耕文化的内涵极其丰富，它是在长期的农业生产活动及农民生活过程中创造的且不断发展的文化体系。农耕文化可以细分为顺应自然、人与自然和谐共生的生态文化，精耕细作、资源持续利用的农业技术文化，邻里守望、团结互助的乡村治理文化（闵庆文，2022）。村落在漫长的成长过程中形成了特定的村落形态、邻里关系、农事活动、节日庆典、民俗习惯、地方经验、民间传统、村落舆论、村规民约等，这些都是维系村落价值取向和有序运行的重要因素，是乡村治理丰富的自治与德治资源。有效的乡村治理要从村落整体入手，了解村落的生产、生活、社会关系以及村落文化关系，使村落丰富的自治和德治资

---

① 习近平．在中央城镇化工作会议上的讲话［M］//十八大以来重要文献选编（上）．北京：中央文献出版社：605－606.

源在新的社会环境下发扬光大，事半功倍地推动乡村治理的现代化。

57. 赓续优秀农耕文化具有哪些现实意义？

赓续农耕文化是加快农业农村现代化发展的需要。以浙江省为例，自 2003 年启动"千村示范、万村整治"工程以来，全面扎实推进农村人居环境改善，造就了万千美丽乡村，也加强了乡村公共文化服务体系建设。通过建设农村文化礼堂、农家书屋等农村文化基础设施，开展送文化下乡、送戏（歌）下乡、跟着节气游乡村、乡村晚会、文化艺术赋能乡村振兴等系列文化活动，推进农业文化遗产和非物质文化遗产传承和创新性发展，较好地提升了乡村文化服务水平，提升了农民在精神层面的获得感、幸福感。乡村公共基础设施发展短板不断得到补足，乡村"绿水青山"生态资源和乡土文化价值吸引更多的人才、资金和技术流向农村，促进了农业农村现代化发展。

　　赓续农耕文化是实现城乡融合和共同富裕的需要。党的二十大报告提出"建设宜居宜业和美乡村",把"和"的要求纳入乡村建设目标中。这意味着乡村建设不仅要村容"美丽",而且要由表及里实现"和美"。和美目标的实现有赖于乡村价值的不断挖掘与再造,乡村价值不仅包括乡村的生产和经济价值,还包括乡村的历史传承价值、生态涵养价值、文化与教化价值等无形资产。根据"绿水青山就是金山银山"理念,要将乡村的资源生态优势,乃至人文生态优势转化为经济社会发展的优势,同步实现乡村产业振兴、生态振兴和文化振兴,使乡村价值得到全面提升。

58. 中国传统优秀农耕文化有哪些类型?

　　中国传统优秀农耕文化博大精深、丰富多样,从形态内涵上讲,可分为农业制度文化、农业哲学文化、农业伦理观、农业文化遗产、农业产业文化、农业技艺文化、农事节庆文化、中华饮食文化、农业品牌文化等九大方面[①]。

　　农业制度文化是在农业社会发展中所形成的,主要包括土地关系、农村社会组织、家族制度等。其中,土地关系是我国农业制度文化的核心。我国原始社会实行氏族公社土地公有制度;夏商周时期,实行土地国有制——井田制;春秋时期,井田制瓦解;战国时期,井田制被废除,封建土地所有制确立,一直延续了两千多年。在农业社会里,农民以土

---

　　① 本问回答来自浙江农业和农村工作办公室原副主任、现任浙江农林大学浙江省乡村振兴研究院首席专家顾益康教授讲义《弘扬农业文化 促进乡村振兴》,经同意收录本书。

地为基本生产资料，进行小规模的、重复性手工劳动和自给性的消费，组成以家庭/家族为中心的血缘社会关系网，遵循着以生存为目的的生活。

农业哲学文化（思想）主要包括三才（天、地、人）、元气、阴阳、五行和圜道。在天地人宇宙系统中，人居于主导地位，追求的是天地人的和谐与统一，可以概括为"天人合一"。元气、阴阳和五行是阐释农业生产系统在时间和空间中有秩序地运动和变化的理论思维工具。圜道阐发农业生态系统的主要运作方式，认为其沿着循环往复的环周运行。我国历代劳动人民在几千年的农业生产和生活中，遵循"天人合一"的价值理念，寻求人与自然和谐相处之道，把尊重自然、保护自然、按自然规律办事当作一种习惯。

以"人对人的依赖关系"为特征的农业社会，形成了一套以注重相互之间关系为基本内容的"义务型"伦理，通过相互之间的义务将整个社会联为一体。我国的农业伦理观包括以义生利、贵义轻利、生财有道、勤劳敬业、重本抑末、仁义礼智信等，这些理论观念一般兼具积极和消极意义，但总体上积极意义大于消极意义，起着规范社会关系的作用。

农业文化遗产是人类在与所处环境长期协同发展的过程中，创造并传承的独特的农业生产系统。我国的农业文化遗产除了谷物等农产品之外，还包括集体创造物，如文化景观、生物景观、农业建筑物、农业生产场所、农业生产方式和生产工具等。例如，浙江省青田县的"稻鱼共生"耕作方式、云南省红河哈尼族彝族自治州的"哈尼稻作梯田系统"和江西省万年县的"万年稻作文化系统"。

农业文化在很大程度上与农业产业发展紧密联系，我国因广阔的领土、悠久的自然历史、复杂的生态环境而具备丰富的作物资源和各具特色的农业产业文化。例如：稻作文化、茶文化、竹文化、菊文化、杨梅文化、丝绸文化、游牧文化等。

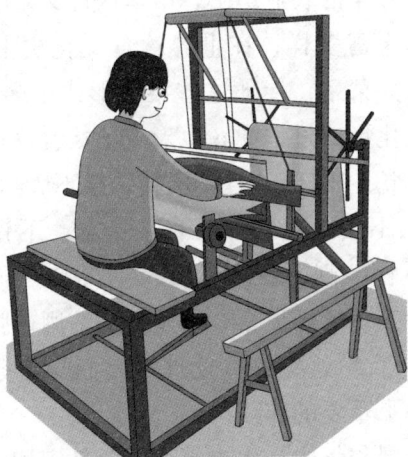

　　我国是个农业大国，党的十八大以来，农业科学技术和农业园艺技术取得了长足的发展和进步。在农业科学技术方面，主要指农作物品种的开发、动物的驯化、水利设施的修建，实现了对农业自然生产条件的改造，促进了种植业和养殖业的规模化发展。在农业园艺技术方面，形成了循环利用的有机农业，多种经营的综合农业，以及用地养地、农牧结合的精耕细作农业，使得农业资源得到充分利用，实现了农业可持续发展。

　　岁时节令是中国古人在长期的农事活动实践中总结出的生产规律，农事节庆活动便是在此基础上发展而成的。为了安排好农业劳动，古人创造了适应农业生产的独特的历法和岁时节日，设立了反映季节变化的二十四节气，通俗易懂地表明了一年四季气温、物候和雨量的变化，告诉人们根据节气安排农业劳动。许多至今仍广为流传的农谚,正是历代农民根据气象观测和耕作经验所作的总结,它们作为一种特殊的文化指令,千百年来指导着人们的农事生产活动。

中国有近万年的农业历史,**中华饮食文化**随着农业的发展进步而渐趋丰富多样,在世界饮食文化史上占有重要地位,形成了八大菜系,伴随这些菜系形成了多种制作方法。在中国饮食文化形成过程中,也形成了饮食伦理文化。孔子在《论语·乡党》中曰:"食不厌精,脍不厌细。食饐而餲,鱼馁而肉败,不食。色恶,不食。臭恶,不食。失饪,不食。不时,不食。割不正,不食。不得其酱,不食。肉虽多,不使胜食气。唯酒无量,不及乱。沽酒市脯,不食。不撤姜食,不多食。"这些饮食伦理对人们身体健康和社会的和谐发展发挥了重要的作用。

农业的发展与气候、水土等自然条件密切相关,同时也与人们多样性的消费需求密切相关,**农业品牌文化**由此衍生而来。随着消费需求的多样化发展,农产品亦差异化发展。例如,当前我国农产品可以按两种方式划分:一种是按消费层次划分,包括大众商品、高档品、奢侈品等;另一种是按质量差异划分,包括一般农产品、无公害农产品、绿色农产品、有机农产品等。

59. 建设宜居宜业和美乡村的源起脉络是什么？①

习近平总书记在党的二十大报告中指出:"统筹乡村基础设施和公共服务布局,建设宜居宜业和美乡村。"这是新

---

① 本问回答来自对顾益康教授的口述的整理。

时代新征程对正确处理好工农城乡关系作出的重大战略部署，是党中央根据城乡融合发展新趋势和广大农民群众对美好生活向往的新要求，在总结浙江省实施"千村示范、万村整治"工程、建设美丽乡村等经验的基础上提出来的，充分反映了亿万农民过上美好生活的愿景和期盼，为全面推进乡村振兴、加快农业农村现代化指明了前进方向。

2003 年，时任浙江省委书记的习近平同志针对他在调查研究中发现的浙江城乡基础设施和公共服务差距大、农村环境脏乱差状况十分严重、农民群众对改善人居环境呼声十分强烈的实际情况，创造性地作出了实施"千村示范、万村整治"工程的重大决策，明确了"政府出钱出物、农民投工投劳"的建设原则，并明确要作为"一把手"工程来抓，同时号召主体实施单位每年召开一次现场会，强调"一张蓝图绘到底，一届接着一届干"。

党的十六届五中全会，党中央在总结浙江实施"千村示范、万村整治"工程、全面开展农村人居环境整治、努力改善村容村貌、改变农村基础设施与公共服务滞后状况的经验做法基础上，作出了按照"生产发展、生活富裕、乡风文明、村容整洁、管理民主"的要求开展社会主义新农村建设的决定。2005 年，时任浙江省委书记的习近平同志在安吉余村调研"千万工程"时创造性地提出了"绿水青山就是金山银山"的绿色发展新理念。2008 年，安吉率先提出以生态文明建设来引领"千万工程"，把美丽乡村建设作为深化"千万工程"的新目标。2010 年，浙江省委、省政府在全省"千万工程"现场会上提出了实施美丽乡村建设行动计划，把全面建设外在美和内在美相统一的生态宜居的美丽乡村作为深化"千万工程"的新目标。党的十八大以后，习近平总书记站在全国和全局发展的高度，对浙江"千万工程"作出三次重要批示，要求在全国推广浙江"千万工程"的做法，在全国农村开展人居环境整治行动和美丽乡村建设行动。

在 2017 年党的十九大上，习近平总书记从中国社会主义现代化建设新时代的实际需求出发，提出了实施乡村振兴战略，并强调要按照"产业兴旺、生态宜居、乡风文明、治理有效、生活富裕"的要求，全面推进乡村振兴。党的十九届五中全会提出实施乡村建设行动，强调把乡村建设摆在社会主义现代化建设的重要位置。全国各地把开展生态宜居乡村建设、加大农村公共服务体系建设和基础设施建设力度作为乡村振兴战略的一项重点工作。

在党的二十大上，习近平总书记又根据全面推进乡村振兴、加快农业农村现代化建设的新要求，提出"统筹乡村基础设施建设和公共服务布局，建设宜居宜业和美乡村"新任务。因此，宜居宜业和美乡村是农村人居环境整治和乡村建设的升级版，是对美丽乡村建设的进一步深化和提升。

60. 建设宜居宜业和美乡村的基本内涵是什么？

党的二十大首次提出了建设宜居宜业和美乡村，这是在建设第二个百年奋斗目标的阶段上，中央对乡村建设提出的更高标准和要求。

陈锡文（2022）提出，党的二十大报告中体现乡村振兴的两大目标，一是加快建设农业强国，二是建设宜居宜业和美乡村，前一个目标是国之大者，后一个目标是民之所盼，必须相辅相成、同步推进，才能相得益彰。同时提出乡村的价值，主要体现在它具有城市不具备但在国家发展中不可或缺的特有功能，那就是巩固农业基础、守护青山绿水、传承中华民族的优秀传统文化。黄祖辉和胡伟斌（2022）提出，宜居宜业和美乡村的核心价值体现为历史与传承价值、生产与经济价值、保障与社会价值、生态与涵养价值以及文化与文教价值。卢关荣（2022）提出，建设宜居宜业和美乡村指明了新时代乡村建设发展的 3 个阶段和迭代升级目标，即乡村建设前提是"宜居"，乡村发展基础是"宜业"，乡村生活幸福标志是"和美"。"宜居"就是要通过农村人居环境整治与山水林田湖草沙综合整治，增强乡村的舒适度和吸引力。"宜业"就是要让农村劳动力实现充分就业，要让新青年下乡有新的创业平台，要让新型经营主体与小农户共享乡村建设发展红利。"和美"则是全面和谐之美，是全域美、村庄美、田园美、人文美、生活美的全景式美丽集锦，也是产业和、生态和、文化和、社会和、治理和的乡村生活共同体。

综上，和美乡村是立足乡村资源生态特色优势，嵌入数字化、生态化、集成化等新技术元素，集乡村"三生融合"与城镇"公共服务"功能于一身，外在"感观美"与内在"感悟美"互为一体，宜居宜业乃至宜游的美丽乡村和现代乡村。

61. 如何通过宜居宜业和美乡村建设提升乡村善治水平？

建设宜居宜业和美乡村将乡村善治提到新高度。宜居宜业和美乡村增加了"和"的要求，让乡村建设范围更加全面、程度更加深入（张琦，2022）。和美乡村建设强调乡村治理与农村精神文明建设协同推进，更加注重在滋润人心、德化人心、凝聚人心的"软件"上下功夫。通过深厚的农耕文化塑造人、吸引人、团结人，强调个人修身养性、有心胸格局以及人际交往中包容理解、互助友爱，涵养人文素质，提升乡村文化软实力，让文明乡风、良好家风、淳朴民风成为美好的乡愁记忆。农村基层党组织进一步抓实建强，党组织领导下自治、法治、德治相结合的乡村治理体系不断健全，乡村善治水平显著提高①。

浙江省金华市在全国率先提出"和美乡村"的概念并进行了先试先行。政策体系方面，金华市于2019年出台《金华市全面实施乡村振兴战略 建设现代化和美乡村标准体系》，依据"产业兴旺、生态宜居、乡风文明、治理有效、生活富裕"的乡村振兴总要求，搭建起由基础通用、产业兴旺富强、生态优美宜居、乡风文明淳朴、乡村治理安全和幸福民生富裕等六大子系统为支撑的现代化和美乡村标准体系框架。实践方面：在产业上推进三产融合协调发展，建立小农户融入现代产业发展的利益联结机制；在生态上重视城乡生态规划，推动乡村绿色景观、水体景观建设，促进人与自然和谐共生；在文化上倡导培育"信义和美"金华精神，加强"八婺好家风"建设；在治理上建立党建统领、政府主导、社会参与、多元共治的乡村治理组织体系和工作体系，建设农民高频应用乡村治理数字化平台，以和谐共治的方式促进治理体系的和谐，实现"富裕夯和、美丽怡和、文化熏和、治理促和"，全方位打造和美乡村。

---

① 胡春华. 建设宜居宜业和美乡村（认真学习宣传贯彻党的二十大精神）[N]. 人民日报，2022-11-15 (6).

62. 什么是善治乡村建设？

善治乡村建设，即用自治激发村民活力、用法治推进现代化治理、用德治弘扬文明风尚，进而"三治合一"，打造出充满活力、安定有序的善治乡村。

63. 善治乡村创建需要满足哪些条件？

2019 年以来，各省（自治区、直辖市）按照中央农办、农业农村部、中组部、中宣部、民政部、司法部等六部门的部署，积极开展乡村治理体系建设试点示范工作，取得了明显成效。在乡村治理体系建设试点示范工作中，浙江省围绕农业农村现代化先行省和高质量发展建设共同富裕示范区的定位要求，紧跟"数字强省"建设要求，创新数字驱动的乡村治理路径。2013 年，浙江省桐乡市开展了自治、法治、德治"三治融合"基层治理创新实践，被写入党的十九大报告。桐乡将数字化导入乡村网格建设，打通市级社会治理智慧中心与 18 家职能部门、村社网格联动渠道，实现了业务数据贯通、事件处置贯通、场景应用贯通，以智治提升自治、法治、德治相融合的治理效能，在实践中构建了自治、法治、德治、智治"四治融合"的乡村治理体系。2019 年，浙江省委、省政府出台《全面实施乡村振兴战略高水平推进农业农村现代化行动计划（2018—2022 年）》，部署开展万村善治示范工程，做好善治示范村、善治村创建工作。

根据《浙江省善治村认定暂行办法》规定的评定标准，获评村庄须满足经济"硬指标"，即年集体经济经营性收入达到20万元以上，同时，须为县（市、区）命名的平安村和文明村、市级以上民主法治村。省级善治示范村需要满足党建引领坚强有力、自治形式有效多样、法治理念深入人心、德治教育春风化雨、民生福祉不断提升等系列要求。截至2022年3月，浙江省共创建善治示范村6036个，各试点县因地制宜打造乡村善治品牌，为全国加强和改进乡村善治提供了浙江经验。建德市发布了《乡村善治指南》地方标准；云和县在全国首创街乡共治模式，破解进城农民融入难题和山区老人留守困境，奋力打造全国山区乡村治理体系建设试点样本；三门县积极探索"助共体"改革，围绕"受助、互助、自助"的理念建立全省首个联合帮扶中心，让有需求的群众只跑一地，就可以接受救助帮扶服务；"三治融合"发源地桐乡市将传承与创新相结合，将积分制有效融入善治乡村建设，"三治积分"成为在乡村治理中推广运用积分制的全国典范；安吉县以深化和推广"余村经验"为统领，以支部带村、发展强村、民主管村、依法治村、道德润村、生态美村、平安护村、清廉正村建设引领乡村善治。

64. 乡村善治的实现路径有哪些？

善治是建立在国家与社会相互合作基础上的新型管理关系，是公共权力向社会权力过渡的体现，是利益相关者在合作逻辑下对公共生活的共同治理（王丽，2022）。实现乡村善治，必须以广大农民群众的需求为导向，通过组织创新、机制创新、制度创新，运用多主体参与、多层面协商、多维度赋权等治理工具，打造"多元共治"的乡村治理新格局。

推动多元化组织创新，夯实乡村善治的组织保障。要针对不同类型乡村组织的特点和要求，发挥各类组织在乡村善治中的积极作用。一是要强化农村基层党员和干部在乡村善治中的引领作用。严格落实农村党员、干部操办婚丧喜庆等事宜报备制度，使农村党员、干部成为移风易俗的带动者、传播者和践行者，在社会公德、职业道德、家庭美德、个人品德建设方面作出表率，以优良的党风促政风、带民风。二要发挥农村集体经济组织和乡村能人的示范作用。发挥农村专业合作社、种养大户等的积极作用，使其参与本乡本村修规立约，带头树立好榜样。成立乡村道德评议会、红白理事会、禁赌禁毒会，强化其对村"两委"的监督和对村民的教化作用。三是要大力培育服务性、公益性、互助性农村社会组织。引导城市社会组织向乡村延伸，通过多种方式支持农村社会组织参与农村公共事务，积极开展农村社会工作、暖心小分队等志愿活动和互助活动。

推动多领域机制创新，形成多层次的基层协商格局。2018年中央1号文件明确要求，"依托村民会议、村民代表会议、村民议事会、村民理事会、村民监事会等，形成民事民议、民事民办、民事民管的多层次基层协商格局"。一要丰富民主协商形式。引导农民群众积极参加民主协商活动，通过举办民主恳谈会、决策听证会、社区治理委员会、民主评议会等协商形式，广泛开展民主协商，建立经常化、多层次的协商对话机制。二要规范民主协商程序。通过建章立制，倒逼责任落实，完善农民群众诉求表达、利益协调和权益保障机制，区分社区居民、村民、集体经济组织成员等不同身份，引导不同人群分类参与议事协调会议，推动村务公开由结果公开向全程公开、实时公开转变。三要开展依法民主协商。坚持法治为本，强化法律在开展民主协商过程中的权威地位，确保民主协商始终沿着正确的轨道运行。

推动多维度制度创新，强化农村基层赋权扩能。乡村善治的核心是广大农民群众都能够享有便利的生活服务、行使民主权利的机会和平等发展的机会。一要实施参与式赋权。在乡村治理过程中，将参与式理念和工作方法贯穿始终，通过自下而上的方式，确保农民充分参与决策，激发农民群众的积极性和创造力。二要开展简政放权。乡村治理需要各级政府放管结合、优化服务。县级政府要有序下放资源，乡镇政府要承接好权力，县乡村要强化互动、厘清边界。三要维护农民发展权。全面实现农村各类资产资源的确权登记颁证，强化农村产权交易平台建设，推动农村各类产权直接入市交易，建立以农民为主体的股份合作机制，完善集体股份权能，实现资源性、经营性、公益性集体资产股权化，做到股权可继承、可转让、可抵押。

65. 什么是未来乡村？

2021年，浙江省委、省政府作出建设未来乡村的重大决策部署。这是浙江在共同富裕大场景下，在数字化改革大跑道上，在农业农村现代化新征程中，对"千村示范、万村整治"工程的再深化、再出发，是推进城乡社区现代化的突破口，是打造共同富裕现代化基本单元金名片的内在要求。未来乡村建设是以党建为统领，以人本化、生态化、数字化为导向，促进"美丽乡村＋数字乡村＋共富乡村＋人文乡村＋善治乡村"发展。浙江省拟打造引领品质生活、呈现未来元素、彰显江南韵味的未来乡村浙江范例[①]。

"千万工程"是习近平总书记在浙江工作时以广阔的视野、前瞻的思维、非凡的魄力亲自谋划的一项重大决策。2003年以来，"千万工程"从"千村示范、万村整治"到"千村精品、万村美丽"再到"千村未来、万村共富"深化拓展，给浙江乡村带来了历史性、全局性变化。未来乡村通过打造未来产业、风貌、文化、邻里、健康、低碳、交通、智慧、治理九大场景，一体化推进"美丽乡村＋数字乡村＋共富乡村＋人文乡村＋善治乡村"建设。

66. 建设未来乡村对乡村治理提出了哪些新要求？

乡村治理方面，未来乡村需要彰显人文乡村内涵，打造文化兴盛、精神富足的文明图景。未来乡村既要有美丽宜居的村容村貌，更要有昂扬向上的精神风貌、乡愁可寄的人文气息，后者是未来乡村的魂。用好农村文化礼堂，推进移风易俗，让社会主义核心价值观在乡村生根。保护好古村落、古民居、古树名木等乡土遗存，传承好守望相助、敦亲睦邻、克勤克俭、耕读传家等乡土基因，延续好二十四节气等农耕文化，让中华民族文脉永续。丰富文化供给，开设农民学校、老年学堂，让终身学习成为未来乡村新时尚。另外，未来乡村坚持善治乡村根本，打造安心舒心、优质共享的幸

---

① 王通林. 深化"千万工程"建设未来乡村 奋力打造共同富裕现代化基本单元金名片［N］. 农村信息报，2022－06－04（6）.

福图景。幼有善育、学有优教、劳有厚得、病有良医、老有颐养、住有宜居、弱有众扶，生活在乡村和生活在城里一样便捷舒适，这是未来乡村的追求。坚持和发展新时代"枫桥经验"，深化万村善治创建，构建"四治融合"现代乡村治理体系。以县域为基本单元推进城乡融合发展，推动公共服务重心下移、资源下沉，把乡村公共服务欠账还上。打造20分钟医疗圈、15分钟养老圈、15分钟健身圈，配套托幼服务，在最小单元里形成"一老一小"问题的系统性解决方案。推广"浙里办"政务平台，让"数据跑"代替"群众跑"。

67. 如何发挥农村社会组织在乡村治理中的作用？

农村社会组织是具有农村组织和社会组织的共同特性，兼有自身特点的组织形式。首先，农村社会组织以农民为主体，并以农村为主要活动场所开展组织活动；其次，农村社会组织是由农民自发自愿组成；最后，农村社会组织维护的是农民的根本利益（陆野，2015）。

农村社会组织大致可分为四类：第一类是政治管理类社会组织，主要包括村民委员会、共青团组织、妇女协会、村民监督委员会等农村群众团体。第二类是经济互助类社会组织，主要包括各种农民专业合作社、农村金融互助组织、专业经济协会等。第三类是农村社会服务类组织团体，主要包括老年协会、妇女协会、卫生所、扶贫协会和其他一些社会福利团体。第四类是农村文化类群众组织，其形式广泛，包含各类农村爱好协会、歌舞戏剧团等。

与农村社会组织4种类型相对应，农村社会组织在乡村治理中的作用体现在4个方面：一是政治作用。农村社会组织是农民参与公共事务的促进者、是基层民主建设的监督者、是农民利益诉求的代表者。二是经济作用。农村社会组织是村民致富的引领者、是规模生产的组织者、是优化集体经济的主导者。三是社会作用。农村社会组织是社会保障的完善者、是社会稳定的维护者、是公共服务的提供者、是农村社会规范制定的参与者。四是文化作用。农村社会组织是乡村文化服务的提供者，也是乡村精神文明建设的推动者。

智　治

ZHIZHI

68. 乡村治理中的"智治"指什么？

所谓乡村智治，简言之是以新技术、新应用等推动乡村治理智能化、智慧化。郁建兴和黄飚（2020）认为"智治"即"智慧治理"，强调治理主体对数字技术的广泛运用。何阳和娄成武（2021）提出乡村智治是治理主体在处理乡村事务中广泛地运用互联网、大数据、人工智能和区块链等信息技术，充分实现信息技术与乡村公共事务的有机结合。概括来讲，乡村智治是以乡村为场域范围，在党组织的领导下，各个治理主体充分运用各类科学技术手段，共同参与乡村事务治理，不断推进乡村治理体系和治理能力现代化的过程。乡村智治是健全党组织领导的乡村治理体系的重要支撑，是推动数字乡村建设的必然要求，是满足农民美好生活需要的有力保障（刘昊东和程爱，2023）。

69. 什么是数字乡村治理？

中共中央办公厅、国务院办公厅《数字乡村发展战略纲要》中指出，数字乡村是伴随网络化、信息化和数字化在农业农村经济社会发展中的应用，以及农民现代信息技能的提高而内生的农业农村现代化发展和转型进程。这是一种实践层面的认知与理解。从学理层面看，武小龙[①]（2022）综合乡村地理学、乡村新闻传播学、农业经济学、农村社会学等

---

① 武小龙. 数字乡村治理何以可能：一个总体性的分析框架［J］. 电子政务，2022（6）：37-48.

学者的研究，对"数字乡村治理"作如下界定：数字乡村治理是指在现代信息技术的驱动下，以县域为治理单元，统筹推进大数据、物联网、云计算等技术在智慧农业、乡村普惠金融、电子商务、生态保护、网络文化、数字党建、互联网政务、惠民服务等重点领域的运用、匹配与融合，从而实现乡村公共事务的精准化治理、智能化应对与科学化决策，推动乡村治理机制重构及农业农村数字化转型的演进。具体包括三个层次：在微观层面上，作为一种治理工具，体现为数字技术对乡村多元治理主体的赋能与影响；在中观层面上，视为一个治理过程，体现为数字技术与乡村各应用场景的匹配、融合与共生；在宏观层面上，看作一种治理变革，体现为数字技术对乡村权力制度的重构，并最终完成对乡村社会的数字化改造。

70. 数字乡村建设包括哪些具体内容？

2022 年 4 月，中央网信办、农业农村部、国家发展改革委、工业和信息化部、国家乡村振兴局联合印发《2022年数字乡村发展工作要点》，部署了数字乡村建设 10 个方面的重点任务。

一是构筑粮食安全数字化屏障。包括加强农业稳产保供信息监测，加快建设中央和地方政府事权粮食全覆盖、全链条、全过程数字化监管系统，分类分品种加强调控和应急保障；提高农田建设管理数字化水平，加快建成全国农田建设综合监测监管平台，完善永久基本农田数据库，构建全国农田建设"一张图"。

二是持续巩固提升网络帮扶成效。包括加强防止返贫动态监测和帮扶，针对发现的因灾因病因疫等苗头性问题，及时落实社会救助、医疗保障等帮扶措施；优化完善网络帮扶措施，加大对脱贫地区特别是国家乡村振兴重点帮扶县宽带网络升级改造支持力度，提升脱贫地区农副产品网络销售平台运营服务水平，积极开展脱贫地区数字乡村项目开发。

三是加快补齐数字基础设施短板。包括持续推进乡村网络基础设施建设，推动农村光纤和 4G 网络广度和深度覆盖；推动农村基础设施数字化改造升级，进一步完善农村公路数字化管理机制，加强基础数据统计、归集和共享机制建设。

四是大力推进智慧农业建设。包括加快推进信息技术在农业生产经营中的应用，加强粮食全产业链数字化协同，健全国家粮食交易平台功能；强化农业科技创新供给，加强高端智能农机装备研发制造，实施农机购置与应用补贴政策，推进北斗智能终端在农业生产领域应用；完善国家农产品质量安全追溯管理信息平台。

五是培育乡村数字经济新业态。包括深化推进"互联网＋"农产品出村进城工程；培育发展乡村新业态，强化乡村旅游重点村镇品牌建设，完善乡村旅游监测工作体系，推进休闲农业、创意农业、认养农业等基于互联网的新业态发展；强化农村数字金融服务；健全国家、省、市、县等互联互通的农村土地承包信息应用平台，开展农村土地承包合同网签。

六是繁荣发展乡村数字文化。包括加强乡村网络文化阵地建设，扩大县级融媒体中心东西协作交流公益项目覆盖范围，加大对"三农"题材网络视听节目的支持力度，增强优质内容资源供给；推进乡村优秀文化资源数字化，加大对乡村优秀传统文化资源挖掘保护力度，深入推进中华优秀传统文化传承发展工程"十四五"重点项目，持续推动实施国家文化数字化战略。

七是提升乡村数字化治理效能。包括推进农村党建和村务管理智慧化，提升乡村社会治理数字化水平；推进乡村应急管理智慧化，完善智能数字网络预报技术体系，运用数字技术助力农村疫情防控。

八是拓展数字惠民服务空间。包括发展"互联网＋教育"，持续完善农村中小学网络建设；发展"互联网＋医疗健康"；完善社会保障信息服务，加快推广应用全国社会救助系统；深化就业创业信息服务；扩大农村电商覆盖面，健全县、乡、村三级物流配送体系，促进农村消费扩容提质升级。

九是加快建设智慧绿色乡村。包括提升农村自然资源和生态环境监测水平，继续组织做好自然资源调查监测、实景三维中国建设，开展自然资源三维立体"一张图"建设；建立农村人居环境问题在线受理机制，持续加强环境要素和重点监管对象监测。

十是统筹推进数字乡村建设。包括加强统筹协调和试点建设，研究制定数字乡村发展评价指标体系，充分利用融媒体、直播平台、网络视听节目等渠道，讲好乡村振兴故事；强化政策保障和金融服务，按规定统筹利用现有涉农政策与资金渠道，支持数字乡村重点项目建设；加强数字乡村人才队伍建设，组织开展网络安全教育培训，加大对农业农村等人才急需领域的职业教育供给。

71. 乡村治理数字化的重点在哪些方面？

乡村治理数字化的重点主要体现在：一是村民服务的数字化。通过数字技术普及，推动信息进村入户，开展远程教育、线上诊疗，推进博物馆、图书馆、文化馆等数字化，实现基本公共服务资源"飞入寻常村民家"。推动"互联网＋政务服务"向农村延伸，方便群众就近办事，让数据多跑路、农民少跑腿，实现服务"网上办""掌上办""快捷办"。二是村庄管理的数字化。推广"网格化＋数字化"，提高村庄管理效能。推动村务、财务网上公开，加强对村级重要事项的监督。通过微信群、村村享、腾讯为村等乡村治理平台，拓宽村民参与村级事务的渠道。实行"积分制＋数字化"，提高村民参与乡村治理的便捷性和积极性。三是安全治理的数字化。深入推进农村"雪亮工程"建设，整合"雪亮工程"、综治视联网、综治信息系统等平台，实现智能化防控全覆盖。推动数据信息的县乡村联动，建设农村智慧应急管理体系，健全及时反馈、快速响应机制，推动农村疫情防控信息化建设。

72. 数字化如何促进乡村治理方式转型升级？

随着经济社会快速发展、城乡融合发展不断深入，农村的社会结构发生了深刻变化，农民的利益诉求更加多元，创新乡村治理方式、提升乡村治理现代化水平也面临新的挑战。数字化赋能，既为提升乡村治理科学性、时效性等提供了科技支撑，也为乡村治理现代化提供了新的方法路径。

数字化乡村治理，通过服务下沉，从"被动应付"到"主动服务"。以往村民需要到市里或镇里才能办理证件、申请医疗救助，而且需要提供各项证明，填写各类表格，信息依靠纸质形式传递，政务办理的时间久，非常不方便。利用数字技术创新乡村公共服务方式，打造覆盖信息获取、村务计划决策、政务反馈评价等各个阶段的数字化服务平台，实现电子办理业务，能够提高基层政府的办事效率，压缩村民的政务办理时间，提升村民对基层政府的服务满意度。同时，借助微信群、App等载体，搭建村民与政府交流互动的桥梁，使村民能够在"云平台"快速提出自身利益诉求，政府准确掌握村民需求的动态信息，采取"主动服务"方式精准回应群众诉求，乡村公共服务形成了从需求到回应的闭环流程，实现"有求必应"。乡村公共服务方式由传统的"被动应付"到"主动服务"，满足了群众对新时代乡村治理的需求，实现了公共服务精确、精准、精细下沉，提升了基层治理效率。

　　数字化乡村治理，通过数字化监督，从"权威治理"到"治理权力多元化"。在以往的乡村治理中，治理主体既有正式治理权威，也有非正式治理权威。数字空间作为乡村新型治理空间，不同于现实中的治理权威和权力结构，它具有分散化、匿名化和符号化特征，所以导致治理空间中的权力结构产生变化。一方面，数字空间的各个主体的自由度较高，不受空间位置的影响，每个网络主体都有对公共事务和议题发表言论的自由（丁波，2022）。另一方面，数字空间能够带来不同的话语资源，通过村民和社会力量的参与，形成多元主体参与乡村治理的发展路径。数字空间使得村庄公共信息传播更为分散，公共决策主体更加多元，政策实施由村民协商自治决定（鞠真，2019）。此外，数字空间是村民普遍参与的信息交流和交往联络的社会空间（刘少杰，2017），不少村庄通过村民微信群、乡村公众号等数字化途径，让基层党务、政务、村务信息公开透明，村民的知情权、参与权得到维护，自然对基层工作更加信任、更加支持。

　　数字化乡村治理，通过数字化预警功能，从"事后处置"到"源头防治"。以往乡村治理大多依靠人力巡查发现问题，数据赋能乡村治理能有效发挥大数据"虚拟预测"和村干部"现实防范"双重作用（王薇等，2021）。第一，政府利用遥感技术、电子监控等数字化手段，能够全面掌握乡村社会各方面信息。第二，政府通过数字技术的智能发现和数据分析功能，审视和分析乡村隐患问题的发生规律，形成多场景的提示和预警。第三，通过虚拟平台自动派单，村干部能及时有效在重点领域开展风险的预防化解工作。大数据开拓了乡村治理新途径，促使乡村治理方式由传统的"事后处置"向"源头防治"升级，引导乡村治理的动力前置，提升乡村的应急管理能力。

73. 浙江省在数字赋能乡村治理方面做了哪些先行探索？①

浙江省湖州市德清县是联合国首届世界地理信息大会的举办地，连续多届被评为全国县域数字农业农村发展水平先进县。2019 年开始，德清开展全域数字治理试验区建设，制定了《德清县构建乡村治理数字化平台助推数字乡村建设实施方案》，依托大数据和地理信息数据服务，构建乡村治理数字化平台。立足县域 120 余项省级以上改革试点的集成优势，以及地理信息、人工智能等数字产业发展的先行优势，建立"一图一端一中心"的应用支撑体系，推动乡村经营、乡村服务、乡村监管、乡村治理、基层设施五大领域全方位数字化，推进乡村治理体系和治理能力现代化，夯实乡村振兴基层基础，走好乡村善治之路。其中："一图"用于实时动态呈现、分析乡村运行状况，为乡村治理提供辅助决策；"一端"包括面向村民提供办事服务的"浙里办"和提供本地数字生活服务的"我德清"小程序，以及面向基层干部的"浙政钉"；"一中心"即依托矛盾调解中心高标准谋划建设的"数据融通、跨域联动、平急结合"的乡村数字治理中心。2020 年 12 月，德清县在全国首先制定了数字乡村建设与治理指导性地方标准规范，包括《"数字乡村一张图"数字化平台建设规范》《乡村数字化治理指南》。德

---

① 本问回答根据 2022 年暑期作者与浙江农林大学浙江省乡村振兴研究院刘传磊、王成军关于德清"数字乡村一张图"的调研整理。

清县以"数字乡村一张图"为代表的乡村治理数字化探索经验已引起广泛关注。2022年7月，德清县作为数字乡村的引领示范区，承办了全国首届数字乡村发展工作现场推进会。

德清"数字乡村一张图"提炼了数字赋能乡村治理的路径与模式，剖析了政府如何调动市场、企业、村民等多元主体的参与积极性，形成政府主导、多元共生的协同共治格局，完善以智治为支撑，自治、法治、德治相融合的"四治融合"治理模式，总结了涵盖"技术层—制度层—价值层"的乡村治理数字化建设经验[①]。具体而言，"数字乡村一张图"体系总体架构主要分为平台基础层、服务支持层和应用扩展层。

平台基础层为"数字乡村一张图"数字化平台提供必需的基础设施，包括物联感知设备、各委办局业务系统数据、第三方厂家业务系统数据以及其他基本软硬件设备和系统数据，满足服务支持层和应用扩展层正常运行的需求。

服务支持层是为应用扩展层提供所需的集成支持系统，以及提供"数字乡村一张图"数字化平台管理所需的服务软件。

应用扩展层是为"数字乡村一张图"数字化平台提供各类业务功能系统与接口，面向政府部门、乡村基层组织、市场主体和村民等服务对象，包括乡村规划、乡村经营、乡村环境、乡村服务、乡村治理五大板块。乡村规划板块以三维实景地图为基础，能够直观精准管理产业项目落地、土地整

---

① 刘渊，李旋，董思怡. 数字赋能乡村治理：德清"数字乡村一张图"[M]. 杭州：浙江大学出版社，2023.

治、村民建房。打开平台主页，全村地形地势一目了然，山水林田湖尽收眼底。乡村经营板块帮助村民更直观地了解村集体经济收入的组成、村民收入来源以及带动本村劳动力就业等情况，为精准服务村民增收致富提供了第一手资料。乡村环境板块包含污水监测、智慧灯杆、智能井盖等物联感知设备，通过动态收集数据，实现对生态环境变化的实时监测、异动管理。乡村服务板块使得"最多跑一次"向基层延伸，聚焦村民出生、入学、就业等一生事，运用"浙里办"等网上办平台，解决乡村服务"最后一公里"问题。乡村治理板块实现了"小事不出村、人人都是网格员"，创新实施网格化精密智控模式。

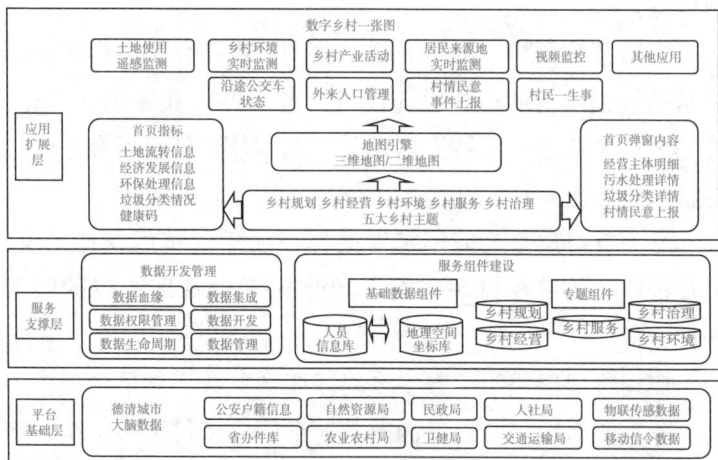

74. 什么是城乡数字鸿沟？

数字鸿沟，英文是"Digital Divide/Gap"，最初由新华社翻译而来。数字鸿沟是由于技术、经济、信息素养等差距的客观存在，使得信息的传递和接收都存在不均衡和失效现象，导致的不同主体之间对信息掌握的差距。"城乡数字鸿沟"这一概念最早是 1995 年由美国商务部在报告《在网络中落伍：一项对美国城市和乡村信息穷人的调查》中提出的，指的是城市居民与农村居民在拥有和使用信息技术方面的差距。

75. 我国城乡数字鸿沟体现在哪些方面？如何缩小城乡"数字鸿沟？"

以数字化赋能乡村产业发展、乡村建设和乡村治理，整体带动农业农村现代化发展、促进农村农民共同富裕，是乡村振兴过程中需要关注的一个重要问题。然而，当前我国城乡之间仍然存在一定的"数字鸿沟"，一方面体现为城乡数字基础设施的差异，另一方面在于城乡数据要素积累的差距较大。农村人口的数字素养普遍不高、对科学技术的引领作用没有形成很好的认识，空巢老人、留守儿童在数字乡村建设中的参与度有待提升等，成为影响乡村数字经济高质量发展的因素。

中共中央网络安全和信息化委员会办公室等五部门印发的《2023 年数字乡村发展工作要点》中，针对缩小城乡数字鸿沟提出 3 点对策措施：一是大力推进数字乡村建设，加快布局 5G、互联网、云计算等数字基础设施及数字要素投入，以数字技术赋能乡村。推动"互联网＋"向乡村进一步延伸覆盖，创造智慧农业、智慧旅游等更全面的乡村数字化应用场景，提高乡村信息服务水平。二是加快集聚"三农"数据资源，建立"三农"大数据平台和交易平台，引导更多城镇资源流向乡村，反哺乡村数字经济发展。三是加快构建完善的农村数字人才体系。通过兴办数字技术职业培训教育、支持院校与品牌企业共建实习实训基地、开发数字技能课程及教学资源，为当地培养创新技术应用人才。

76. 数字乡村治理面临哪些困难？

数字乡村建设推动着乡村治理向开放式、协同式、精准式和前瞻式的数字治理模式转型。构建数字乡村治理体系是建成数字乡村的重要保障，有利于提高村民的现代信息技能，实现技术、组织、人才等资源要素的有效整合（赵早，2020）。但当前数字治理体系恰恰是数字乡村建设最薄弱的环节。

首先，信息化基础设施建设依然存在不同程度的滞后，增加了乡村治理成本。伴随我国信息化建设以及精准扶贫工作的推进，乡村地区的信息化基础设施不断增强，但与城市相比差距依然存在，而且乡村之间的数字鸿沟也逐渐显现。一些发展较慢的农业型乡村，连传统的基础设施如公路、水利、电力设施的建设都十分缓慢，更不用说发展互联网和信息技术了，这些地区已成为国家信息化发展的"洼地"，信息化基础设施建设的任务依然艰巨。

其次，数据开放水平较低，限制了乡村治理信息的传输与共享。在当前我国乡村治理格局中，各类信息交流平台建设滞后，数据传输往往是单向地向地方党委政府集中，尚未能在各个治理主体和部门间实现多向传输与共享，限制了其他乡村治理主体作用的发挥。加之乡村社会数据庞杂，信息管理和数据整合技术与操作能力不足，大量数据被简单堆砌，处理不及时、不规范，严重影响了乡村治理大数据的质量，降低了治理效果。

再次，要素保障能力不足，制约了乡村数字治理发展的进程。数字乡村建设以及现代化乡村治理发展过程中缺人才、缺资金、缺技术。大量信息化人才主要集中在城市，乡村高端信息化人才极为短缺，许多乡镇并没有专职人员从事数字信息处理工作，人才不足是乡村数字治理最突出的短板。村民的信息化素质也难以适应数字乡村建设要求。大量有知识、懂技术的青壮年劳动力从乡村流向城市，留守在村中的大多是老人和儿童，这必然会影响数字化治理模式的实施。此外，资金短缺也是制约数字乡村治理发展的重要瓶颈。与人才、资金短缺相关联的还有技术落后。数字信息技术的基本架构是地上有"数"（大数据）、中间有"网"（物联网）、天上有"云"（云平台），这涉及的数据采集、共享、分析、应用等环节都需要技术支撑。但目前乡村数字信息化技术的投入与研发不足，大大降低了技术在乡村治理中的运用价值。

最后，法律法规建设滞后，加剧了乡村治理的风险。平衡数字共享与安全冲突无疑增加了乡村治理的复杂性，尤其是数字治理体系是一个新生模式，其中许多具体实践和规则尚在摸索和改革之中，专门的法律法规很难在短期内制定和完善，这就导致在乡村治理体系数字化转型过程中产生一些界定模糊的问题，如数据产权归属、数据开放与共享标准等。一旦出现问题，往往由于无法可依，影响治理效果，甚至可能使信息共享变成信息泄露，加大乡村治理风险。

77. 构建数字乡村治理体系的有效路径有哪些？

2019 年中共中央办公厅、国务院办公厅印发的《数字乡村发展战略纲要》将"着力发挥信息化在推进乡村治理体系和治理能力现代化中的基础支撑作用，繁荣发展乡村网络文化，构建乡村数字治理新体系"作为指导思想之一，要求重点"推进乡村治理能力现代化"。针对目前乡村数字化治理中存在的问题，必须创新数字信息技术嵌入乡村治理的有效路径，通过培养专业人才队伍、加强乡村信息基础设施建设、提升乡村电子商务能力、完善乡村数字治理相关配套措施等方式，推动乡村治理的转型与创新（赵早，2020）。

一是培养乡村数字治理人才队伍。加强专业人才队伍建设，是激发乡村治理内生动力的关键。根据农业农村数字化发展的要求，搭建专业化人才交流平台，完善激励机制，通过政策倾斜加大数字化产业资金的投入力度，以产业发展涵养专业人才，增强乡村对信息化人才的吸引力，吸引专业院校优秀人才回乡发展。此外要注重对人才的培训。对于基层政府工作人员来讲，要提升其数字化运用能力，培养其数字治理意识。要鼓励基层政府与当地专业院校合作，打造一支既了解乡村治理工作又具备一定信息化技术理念的专业人才队伍。

二是加强乡村信息基础设施建设。要继续加快推进宽带乡村工程建设和电信普遍服务补偿试点工作，筑牢构建乡村数字治理体系的硬件基础。在此基础上，分类推进乡村信息基础设施建设，加快互联网、物联网、智能设备等与乡村生产生活各领域的深度融合。①加快光纤与 5G 网络的建设步伐，实现乡村及偏远地区全覆盖，提升服务、降低资费，加强数据采集的基础设施建设。②完善农业农村信息服务专业化平台建设，将县、乡镇以及村级公共服务平台纳入省级综合平台统一管理，加强数据信息交流。此外，实施信息进村入户工程，整合各类涉农信息资源，让村民足不出户便可享有高效便捷的信息和技术服务，并通过提升益农信息服务能力，打造政府了解村情民意的信息媒介，拓宽信息采集渠道。③开发适应农业农村发展特点的信息终端、移动互联网应用软件，鼓励研发民族语言视频应用技术，使益农信息真正服务于涉农经营主体。④加快推动传统基础设施的数字化转型，构建乡村智能化水利、交通、电网和冷链物流体系。

三是提升乡村电子政务服务能力。深化"互联网＋政务"服务改革，在确保信息安全的条件下，加强各类信息资源的整合与共享，并逐步完善城乡一体化大数据平台，统一数据信息的采集、更新、整理、应用，形成跨部门、跨系统、跨地域数据的共建共享机制。有序推动农村电子政府服务平台建设，优化涉农行政审批系统，推动政务服务"网上办、马上办、少跑快办"，提高村民办事便捷程度。推动"阳光村务工程"建设，提高村务、财务管理透明度，运用专业信息技术和软件，搭建村集体资产监督管理平台，设置村集体资产电子台账，实现乡村资产管理数字化。

四是完善乡村数字治理相关配套措施。要加大政策支持力度，在增加政府投入的同时，通过政府购买服务、贷款贴息等方式，吸引更多的社会力量投入数字乡村建设，并优先安排乡村重大信息基础设施建设项目用地，加快推进数字乡村治理体系发展与完善。此外，着重完善数字信息安全与共享的法律法规，理顺多元化治理主体的关系，明确各治理主体在数据信息安全中的责任与义务，防范数据泄露风险。

78. 党的二十大报告对于数字赋能乡村社会治理提出了哪些新要求？

党的二十大报告中提出要"加快发展数字经济，促进数字经济和实体经济深度融合"。这是以习近平同志为核心的党中央对发展数字经济作出的重大战略部署，也为新时代全面推动数字乡村建设、以数字技术助力建设宜居宜业和美乡村指明了前进方向。同时，党的二十大报告强调，"健全共建共治共享的社会治理制度，提升社会治理效能""完善网格化管理、精细化服务、信息化支撑的基层治理平台"。要充分利用数智媒体，建设数字化治理空间，提高乡村治理效能。

数字化赋能文化建设，推进乡村善治。中国式现代化是物质文明和精神文明相协调的现代化。物质富足、精神富有是社会主义现代化的根本要求。要加快数字化乡村文化建设，解决乡村文化建设基础薄弱等问题，推进人文乡村和善治乡村建设。一方面，要建好新时代主流数字阵地，巩固全媒体矩阵建设成果，建强用好县级融媒体中心，进一步完善"县—乡镇—村"信息渠道建设，加强全媒体传播体系建设，塑造主流舆论新格局，牢牢掌握党对意识形态工作的领导权。另一方面，要健全现代文化产业体系和市场体系，实施重大文化产业项目，带动区域文化与旅游产业发展，带动区域宣传推广、文创产品开发、农产品品牌形象塑造等。此外，数字文化建设的推进，特别是数智媒体搭载的社交媒体平台的广泛应用，为乡村推出自媒体产品提供了网络空间，要用好网络平台，讲好乡村振兴故事，传播好善治乡村的经验。

数字化赋能社会治理，提高治理效能。网络空间从技术逻辑上建构双向通达的信息流通网络，利用信息技术拓展民主渠道、丰富民主形式，为乡村发展全过程人民民主提供了重要的技术支撑。另外，网络空间的信息生产实现了乡村治理管理留痕，有助于完善办事公开制度，拓宽各类群体有序参与基层治理的渠道，让基层治理需求可见、过程可见、结果可见。此外，要推动"互联网＋党建"，建设完善农村基层党建信息平台，优化升级党员干部现代远程教育，推广网络党课教育。推动党务、村务、财务网上公开，畅通社情民意。推动"互联网＋社区"向农村延伸，提高村级综合服务信息化水平，大力推动乡村建设和规划管理信息化。加快推进实施农村"雪亮工程"，深化平安乡村建设。加快推进"互联网＋公共法律服务"，建设法治乡村。依托全国一体化在线政务服务平台，加快推广"最多跑一次""不见面审批"等改革模式，方便群众办事。

79. 如何推动乡村数字治理人才队伍建设？

乡村治理现代化是国家治理现代化的基础与前提。乡村治理现代化的实现离不开数字治理的高质量发展，其中，关键要有高水平的数字治理人才[①]。据《数字经济就业影响研

---

① 赵秀玲. 推动乡村数字治理人才队伍建设提档加速［N］. 中国社会科学报，2022-12-14.

究报告》，2020 年中国数字化人才缺口接近 1 100 万人，这在乡村社会更为突出，高科技人才尤其是互联网、大数据、区块链、智能发展等方面人才是乡村数字治理的一大短板。2021 年，习近平总书记在《深入实施新时代人才强国战略 加快建设世界重要人才中心和创新高地》中指出："我们坚持发展是第一要务、创新是第一动力、人才是第一资源，确立人才引领发展的战略地位，发挥重大人才工程牵引作用。"这为乡村数字治理人才成长指明了方向。党的二十大报告中关于"人才强国""科技强国""完善人才战略布局"的提法，为乡村数字治理人才成长提供了强有力支撑。

第一，提升在地化干群数字治理能力。乡村数字治理离不开外援，但归根结底还要靠自身力量，即强调内生力。因此，让在地化干群快速提高数字治理能力，既是长远发展目标，也是需要突破的难点、重点、焦点。要让乡村干部尽早熟悉数字治理的理论、实践与方法，建立县、乡、村三级培训机构，对广大乡村干群的数字治理实行有计划、有针对性的培训。

第二，引进乡村数字治理人才。出台有针对性的优惠政策吸引数字治理人才，特别是给青年人才提供施展才华的良机。有了人才后，如何大胆使用就变得更加重要。这包括：将人才分配在重要岗位接受锻炼，促使其快速成长，只有在实践中才能充分发挥其才干；促进人才之间相互学习交流，避免孤军奋战和逐渐平庸化；通过树立典型标兵，形成乡村社会助力人才发展的良好氛围，在物质和精神双重激励下提升数字治理人才的自我价值；以项目制推进数字治理人才快速成长，全面带动乡村数字治理迈上新台阶。

　　第三，把高素质农民培育成乡村治理人才。以农村实用人才、高素质农民、乡村振兴产业带头人为对象，开展乡村数字治理人才高素质培育，在大数据工程技术、数字化管理、全媒体运营、互联网销售、在线学习服务、人工智能培训等方面有所推进与发展。在符合国家标准的前提下，结合乡村社会的特色设置乡村数字治理人才职业标准，大力培育数字治理的创新型人才，推动乡村数字治理达到全新的高度。

实践

SHIJIAN

80. "党建引领'三治融合'，促进乡村有效治理"有哪些具体做法？

广东省佛山市南海区将"组织建在网格上、党员融入群众中"，构建行政村、村民小组、党小组三层党建网格，实施重要事权清单管理，推行党支部强基增能，要求党员亮身份、亮职责、亮承诺，充分发挥党员在乡村治理中的作用，创新社会组织动员机制，广泛发动人民群众。织密党建网格，提升了农村基层党组织的组织力，实现了党建对乡村治理的有力推动。

佛山市南海区位于粤港澳大湾区腹地、毗邻广州，面积1 074 平方公里，辖 7 个镇（街道）、286 个村（社区），常住人口 291 万人，其中非户籍人口 150 万人。改革开放以来，南海经济发展迅猛，城乡融合发展加速，人口倒挂明显，群体结构复杂、利益诉求多元，一些村出现了党的领导弱化、虚化、边缘化，基层力量凝聚不紧实等问题。南海区委坚持和加强党的全面领导，在建强村党组织基础上，向下延伸构建党建网格，健全基层组织体系，探索党建引领乡村治理的新路子。

一是构建村到组、组到户、户到人三层党建网格，织密简便、务实、管用的组织体系。

让群众直接感受到党的领导和组织的温暖，接受党员的具体服务和引领，是组织振兴的核心要义。南海的做法是"组织建在网格上、党员融入群众中"。行政村作为第一层网格，依据在册党员人数升格为党委或党总支，领导统筹网格内党的建设和基层治理。村民小组（自然村）作为第二层网格设置党支部，重在加强党员教育管理、监督同级集体经济组织运作。村民小组（自然村）下再设置第三层网格，以党员村民居住分布、生产生活传统为依据划分并设置党小组，重在直接联系服务群众，形成以村级党组织为领导核心、村民小组（自然村）党支部为战斗堡垒、党小组为"神经末梢"、党员为"根系"的乡村治理引领主干体系，直观有效地通过网格把党员组织起来、把人才凝聚起来、把群众动员起来。

二是突出重要事权清单管理，让党组织成为乡村治理的主心骨。

健全党的基层组织体系、提升基层党组织组织力，是保证乡村治理方向正确的前提。三层党建网格把党的工作触角延伸到基层的每个角落，有效解决了当前村级党组织管理体量大、任务重、抓不深、抓不实的问题。第一层网格实施重要事权清单管理。明确各类组织人选、集体资产管理、重大项目、村规民约等 10 类重要事权，由党组织主持制定方案、审议通过、监督实施，确保乡村治理在党组织领导下全面推进，党组织的领导核心地位在乡村治理中全面强化。第二层网格推行党支部强基增能。针对农民股份分红绝大多数来自经济社（村民小组一级的集体经济组织）的实际，落实村民小组（自然村）党支部书记参加经济社社委会、党员参加股东会议制度，对纳入重要事权清单管理的事项进行先知先议和全程监督。第三层网格落实政策传导和信息传递任务。党小组就上级计划实施的重要事项征求群众意见，就上级决定实施的重要事项争取群众支持，在"从群众中来、到群众中去"的过程中落实党组织意图。

三是亮身份、亮职责、亮承诺，让党员成为乡村治理的先锋队。

　　乡村治理是党员干部的时代担当。创设合理合适合情的平台锻造党员队伍，是推动乡村治理落地落实的关键。设立三层党建网格，以党小组为基础单元，利于突显党员职责和身份、发挥党员能力特长、增进与群众的感情，既克服了个体党员力量有限的问题，又避免了一些党员成为"沉默的大多数"，使党员在乡村治理中切实发挥先锋模范作用。①党员"户联系"亮身份。坚持每周二下午开展镇街领导干部驻点直接联系群众工作，组织全区党员以党小组网格为单元、以"户"为单位联系群众，做到惠民政策必讲、实际困难必听，中心工作必讲、意见建议必听，"两委"得失必讲、评议评价必听。②党员设岗亮职责。推行农村无职党员设岗定责，按需设置带头致富、环境卫生维护、文明新风树立、村务财务监督等 20 多种岗位，通过合理设岗、党员领岗、组织定岗、公示明岗、培训上岗、考核评岗，使无职党员"有岗有责有为"。③攻坚克难亮承诺。推动党员在解决乡村治理突出问题中主动担当，在"两违"专项整治中率先签署承诺书，在"三清理三拆除三整治"工作中率先"做出一个清理承诺、申领一个清理岗位、争当一名清理先锋"。

　　四是创新社会组织动员机制，让群众成为乡村治理的主力军。

　　有效发动人民群众、凝聚群众力量，是加快乡村治理全面推进的保证。三层党建网格为群众打通了信息传递的渠道，搭建了议事决策的平台，切实把党组织的正确主张转化为群众的自觉行动。①强化思想引领。以习近平总书记关于基层治理的重要论述及有关政策法规为重要内容，按照宣讲政策、回应诉求、践行法治、弘扬正气、服务千家万户原则，编印《新时代南海家书》，作为网格党员发动群众凝聚共识的桥梁，每月第一个周日免费投放至全区各级党组织，发放给各家庭和各行各业经营主体。②拓宽参与渠道。开展"十年百万图"拍摄对比行动，发动群众年初拍摄环境黑点图片，网格层层上报，年末在同一地点、同一角度再次拍摄形成对比，检验一年来整改成效。

81. 如何通过党建引领激活乡村治理"神经末梢"？

福建省泉州市洛江区罗溪镇在村民小组建立由党员、小组长、各类人才组成的党群圆桌会，整合各类社会组织力量和社会资源，推动特色经济发展、调解矛盾纠纷、调整产业结构、夯实人才队伍。推进党群一体，突出共建共治共享，有效激活了乡村治理"神经末梢"。

罗溪镇位于福建省泉州市洛江区北部，为加强基层治理，在区委领导下，探索在基层政权的"神经末梢"——村民小组，建立由党员、小组长、村民代表、各类人才组成的党群圆桌会，作为创新社会管理、加强基层政权建设、拓宽群众诉求渠道的有效载体，形成1个党支部＋1个党群圆桌会处事制度＋社会力量的"1＋1＋S""同心圆"模式，实现"自己的事情自己办，自己的权利自己使，自己的利益自己享"。

一是党群一体，为末梢治理聚合力。

罗溪镇党委聚焦"神经末梢"组织振兴，领导各村党支部根据实际村情在村民小组或片区组建党群圆桌会，会同新华网、浙江大学旅游研究所、罗溪外地商会同乡会、互联网企业、新媒体人才之家、大济公益协会等社会力量，构建党建"同心圆"乡村末梢治理机制。该机制通过凝聚引领、圆桌协商、辐射落实、监督纠正、同心运转的方式，打造党建促乡村振兴的"圆心点"，加快推进乡村振兴战略实施。

二是目标一致，为乡村发展找出路。

罗溪镇集中各方资源力量，依据"两山"理念，立足历史遗迹和自然生态优势挖掘村域资源。镇机关和村党员干部深入山林、田间调研，收集整理村域内自然人文资源清单，党群圆桌会的成员线上线下结合建立乡村论坛，把脉论证村庄发展思路。

三是队伍一心，为家园美好育情怀。

首先以党员为主体，用红色情怀涵养党性。依托"三会一课"区级实践点，以党建文化、红色文化和生动实践促进党群圆桌会党员和入党积极分子对"三会一课"内容的深刻感悟、对党的决策的坚决贯彻、对形成决议的有效落实，推进生态宜居建设。其次以群众为辅助，用家国情怀感染人心。通过党群圆桌会中的党员影响带动群众，特别是有专长、有品德、有志向的群众，推行"党建＋文艺惠民"，用群众喜闻乐见的传统艺术演绎形式将古今家国故事和社会主义核心价值观融合起来，开展主题宣讲。最后以统战为纽带，用乡愁情怀引导回归。建设乡情服务馆、罗溪情联络站，打破地域局限，从村内各党群圆桌会成员中挑选骨干成立红色参事会，鼓励各类人才和社会力量引资、引才、引资源回归。

四是协商一道，为民主决策立规矩。

镇党委委员联系党群圆桌会的党员成员，由党员成员协助宣讲政策法规和部署精神、执行党的决定，主动参与协商工作。将党的建设、村级经济社会发展、农村环境综合整治等纳入党群圆桌会协商范围，党员、群众轮流主持会议，按照"群众提事、征求论事、圆桌议事、会议定事、集中办事、制度监事"的圆桌6步原则处理村民小组事务。此外，通过微信公众号、座谈会、联络群等渠道经常性向社会各界通报党委决策情况和党群圆桌会工作情况，进一步提升社会各界对试点村发展的支持力度和关注度。

五是创业一同，为人民群众谋幸福。

首先，全村一盘棋，统一对外招商。注册成立村集体经济组织，盘活村集体土地和农村自有土地，实行土地、房屋入股，村里统一规划建设，引进合适的投资者，既保障村集体和群众收益，又降低投资方投资成本。其次，产业多元化，聚合发展特色。鼓励群众成立药材、食品、花卉、苗木、养殖等合作社，带领群众增收致富。建立红色动力网络联合党支部，与试点村党支部共同成立党建联盟，以此促成商业联盟，打造农村"党建＋商务"云平台，发展农村电子商务。最后，人才深发掘，储备振兴动力。聚焦人才振兴，从党群圆桌会成员中遴选建立"一懂两爱"农村人才库，培养储备懂发展、善管理、能干事、会带队的农村善治型人才。

82. 如何在实际工作中创造"三治融合"协同效应？

浙江省桐乡市开展自治、法治、德治融合的基层社会治理实践探索，突出党建引领，推动政府、社会组织、群众等治理主体多方共治，发挥"一约两会三团"的协同作用，形成了"大事一起干、好坏大家判、事事有人管"的乡村治理新格局。

桐乡市地处沪杭之间，交通便利、水路通达，全市总面积727平方公里，辖8个镇、3个街道，户籍人口约70万人、新居民约 55 万人。2013 年来，为解决社会问题增多、矛盾纠纷多发等困扰，桐乡市坚持党建引领基层社会治理，发挥基层党组织战斗堡垒作用，开展了"三治融合"的基层社会治理探索实践。

一是发挥多方主体的共治作用。

从社会管理向社会治理转变的一个重要特征，就是治理主体从单一向多方转变。"三治融合"理念的提出，有效地推动了政府、社会组织、村民等多方主体在社会治理中作用的发挥。**党委政府层面。**创立"依法行政指数"，建立法律顾问制度，提高依法决策、依法行政水平。利用文化礼堂、红色驿站等阵地，经常性开展"法律十进"、社会主义核心价值观等宣传教育活动，将法治意识、道德观念传递到田间地头。**社会组织层面。**发挥好社会组织覆盖面广、专业性强的优势，大力推进社区、社会组织、社工"三社联动"，增强社团、商会、行业协会等组织的自我管理、自我教育、自我服务能力，推动政府向社会组织和社会力量购买服务。**群众层面。**建立城乡社区工作事项准入机制，明确村（社区）36 项依法履行职责事项和 40 项协助政府工作事项。开展清牌子、减评比、去台账等基层组织"去机关化"行动，推动自治职能归位。发挥村干部、党员、三小组长（党小组长、村民小组长、农村妇女小组长）等的"微治理"作用，引导基层群众有序参与基层事务决策、管理和监督。

二是发挥三种方式的协同作用。

自治、法治、德治单独运用往往难以达到最理想的治理效果，要综合运用、协同发力，才能释放出乘数效应。桐乡形成了以"一约两会三团"为重点的"三治融合"创新载体，协同推动基层社会治理转型。"一约"即村规民约。让村民参与制定和监督，以"村言村语"约定行为规范、传播文明新风，综合运用物质奖惩、道德约束等手段保障落实，使村规民约发挥更好的治理效果。崇福镇党委推动各村将文明餐桌写入村规民约，由党员干部带头签订文明餐桌承诺书，在潜移默化中引导农村群众厉行节约，革除陋习。"两会"指百姓议事会和参事会。由村党组织书记担任百姓议事会的召集人，由村党组织书记或村委会主任兼任参事会的秘书长，发挥各类人才的感召力，通过专题会议、个别访谈等多种形式，解决和协调村里的相关事务，协助村"两委"做好群众工作，实现农村事务民事民议、民事民办、民事民管。"三团"指百事服务团、法律服务团、道德评判团。以志愿服务、法律服务、道德评判为抓手，将定期坐诊、按需出诊、上门问诊相结合，完善志愿者组织体系、公共法律服务体系和道德评判体系，打造市党群服务中心和以"一米阳光""法律诊所"等为代表的市、镇、村三级服务组织。选派法律服务团中党员身份的"三官一师"（法官、检察官、警官、律师）到村担任"平安书记"，发挥专业优势，加强和规范基层组织建设，促进基层自治活力有效释放。

三是发挥"三治融合"的全域作用。

桐乡高度重视先行先试的经验积累，并在此基础上持续深化"三治融合"的全领域实践探索。治理区域上，从示范试点向全域治理深化。"三治融合"在桐乡高桥率先试点，扩展到桐乡的所有村，并作为"桐乡经验"推广到全省和其他地区。治理领域上，从重点治理向全面治理深化。"三治融合"最初着眼于解决社会转型期基层维稳难题。实践中，桐乡进一步挖掘"三治融合"的综合治理效应，推动"三治融合"在基层社会治理各领域的广泛运用。在小城镇环境综合整治中，充分发挥自治组织作用，民主制定整治方案、协同开展长效管理，使原来老大难的"脏乱差"问题迎刃而解，取得良好的社会综合效应。治理经验上，从实践探索向理论探究深化。与相关领域专家学者保持常态化联系和互动，举行全国基层治理高峰论坛，推进"三治融合"理论研究不断深化。

83. 如何通过"村规民约"推进乡村自治？

北京市顺义区充分发挥村规民约作为村民自我管理、自我服务、自我教育、自我监督行为规范的作用，将规范村规民约作为加强基层社会治理的重要内容，指导各村集中各方意见、聚焦核心问题、强化精准施策、实施监督奖惩，制定形成务实管用的村规民约，引导群众有序参与农村事务，维护公序良俗，加强乡村治理。

顺义区位于北京市东北部，总面积1 021平方公里，常住人口1 128万人，辖19个镇、6个街道办事处、426个行政村。面对新形势、新任务、新挑战，顺义区发挥村规民约的抓手作用，对基层治理先"约"后"规"，"约"出了文明村风、"约"出了淳朴民风、"约"出了清廉政风，有效推进了农村协同共治，提升了农村基层治理能力和水平。

一是多方参与制定，力求村规民约"规"得准、"约"得实。

充分征求意见。镇街党（工）委把关，村党组织全程主持，按照"三下三上"的程序制定村规民约。"一下"，围绕村规民约的内容，广泛征求村民意见，深入调查问题，整理汇总后作为修订的基础材料；"一上"，召开村"两委"联席会议，梳理意见建议，研究确定主要框架；"二下"，召开党员和村民代表大会进行讨论，充分征求党员和村民意见建议后形成初稿；"二上"，将初稿提交镇街司法、民政、土地和计生等相关部门，进行政策把关；"三下"，以"党群1＋1"工作组的方式再次征求全体村民对初稿的意见建议，据此进行补充调整，形成审议稿；"三上"，将审议稿报所在镇街党（工）委审核把关后，由村民会议表决通过，印刷成册发放至村民，同时报镇政府备案。**多方协同配合**。根据基层社会发展的实际，充分发挥村"两委"班子、党员、村民代表、村民、流动人口等群体力量，从纵向、横向以及动态三个层面强化协同配合。纵向上，区、镇、村三级联动，区级层面发挥督导协调作用，统筹协调各职能部门协作配合；横向上，一个党员和一个村民代表联系十五户村民形成"1＋1＋15"协作模式，镇级领导班子驻村挂点联系，采取"领导联村、干部入户"方式，对村规民约的制定工作进行政策指导；动态上，村"两委"广泛征求村民的诉求，充分利用党代表联系点、村民代表等方式手段，完善村规民约。**突出问题导向**。围绕"补短板、解难题"，深入调查研究，查找最突出、最具普遍性的问题，作为村规民约制定重点。着眼于推进基层治理体系和治理能力建设，将农村出租房屋租赁管理、社会秩序维护等当前基层治理中的难点问题纳入村规民约，推动村民文明素质不断提升、地区社会持续稳定和各项事业繁荣发展。**强调分类完善**。立足区域发展实际，根据村庄发展不同特点、所处地理位置和治理需要等因素，将各村划分为社区平安建设型、村域环境优化型、村风民风引导型、浅山生态涵养型、流动人口调控型、民生服务保障型等六个类型，分别指定区直部门负责督促指导、牵头协调相关职能部门共同参与治理。

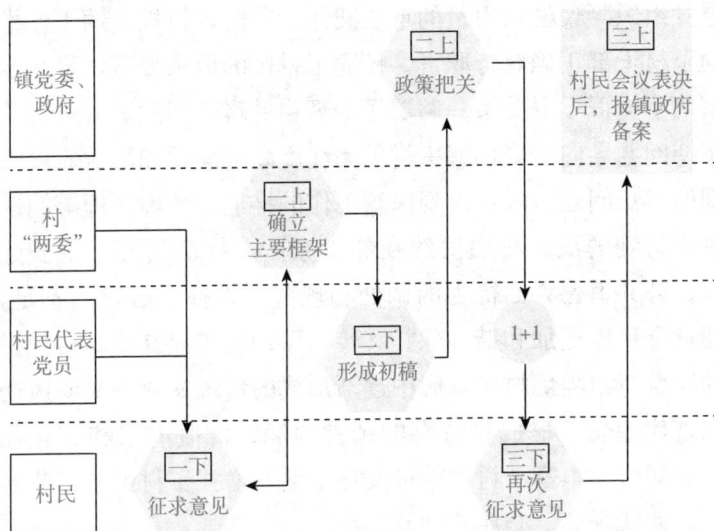

| 镇党委、政府 | | 二上
政策把关 | 三上
村民会议表决
后，报镇政府
备案 |

村"两委"　　一上
确立
主要框架

村民代表
党员　　二下
形成初稿　　1+1

村民　　一下
征求意见　　三下
再次
征求意见

二是精准施策，做到村规民约入到"户"、见到"行"。

创新表现形式。综合考虑村规民约内容、村民文化水平和生活习惯，在村规民约的表现和宣传形式上，加大创新力度。注重使用对偶、押韵等形式，将其转化成为群众语言，充分运用戏曲、快板、歌曲等群众喜闻乐见的方式把村规民约呈现出来，使用墙画、标语等灵活实用的宣传载体实现耳濡目染。完善执行机制。制定实施细则，明确规定村规民约适用范围、实施程序、考核办法和奖惩措施，印制《村规民约一册通》发放到户，组建执约小组，做好宣传监督劝解工作，提高村规民约权威性。建立监督奖惩机制。通过完善村规民约内容、建立执约机制、给予精神物质奖励等方式，提高村规民约约束力，使村规民约真正落地生根。

三是持续推进，村规民约开了"花"、结了"果"。

增强了基层党组织的战斗力和凝聚力。村党支部的组织领导和党员的模范带头作用得到充分发挥，村规民约成为基层党组织凝聚群众力量的重要载体。同时，村规民约工作推动了村干部正确履行职责，畅通了村民的诉求渠道，进一步密切了党群干群关系。解决了治理中的难点问题。村规民约坚持问题导向，聚焦解决村民关注度高的问题和影响农村管理的难点问题，随着村规民约工作的推进，环境治理等问题逐步得到解决。村规民约在邻里家庭、社会治安、平安建设、公共道德方面行为的调处和规范，弥补了法律的不足，使社会秩序更加和谐。保护和传承了地区传统文化。村规民约注重总结提炼村庄发展中逐渐形成的传统文化、文明风尚和现代理念，形成村特有的精神内涵、价值追求和文化品质。同时，丰富了村民精神文化生活，增强了村民的文化自信，使荣誉感、归属感油然而生。

84. 如何打造共建共治共享的乡村治理生态？

一场由农民自发开启的村民说事活动，在浙江省象山县已走过十余年。以"说"广泛收集疏导民意，以"议"科学规范决策，以"办"合力抓好事项落实，以"评"形成干部争先创优氛围，构建了"说、议、办、评"的村民说事制度体系，通过与农村小微权力规范化运行、一村一法律顾问、信息化建设有机融合，营造了共建共治共享的乡村治理生态，提升了乡村治理水平。

象山县地处东海之滨，辖 18 个乡镇（街道）、490 个行政村，2018 年农（渔）民人均可支配收入 30 882 元。村民说事做法发端于象山县西周镇，西周镇杰上村为解决因水库引水工程而造成的赔偿款分配问题，尝试开展村民说事活动，让村民有事敞开说，说了及时商量、马上去办，成功地解决了难题。历经十余年探索实践、深化提升，村民说事构建了以党组织为核心，以"说、议、办、评"为主要内容的制度体系，实现了集民意疏导、科学决策、合力干事和效果评估为一体的基层治理方式创新。

一是突出规范提升，打造"说、议、办、评"流程闭环。

有事敞开说，增强"说"的广泛性。拓宽"说"的渠道，落实固定日子集中说、党员联户上门说。创新"说"的形式，形成"网格说""线上说""现场说"等新形式。扩大"说"的主体，引导发动政法干警、各类人才、新农人参与村民说事。丰富"说"的内容，突出围绕乡村旅游、集体经济、村庄建设等发展主题说事。遇事多商议，强化"议"的规范性。规范"议"的程序，常事急事由村党支部书记主持召开村务联席会议商议，大事要事召开党员大会、村民代表会议商议。提升"议"的质量，邀请农村各类人才和法律顾问等专业人才参与村庄发展重大事项。建立"议"的"直通车"，对村级无法解决的难事特事，通过"一中心四平台"直接提交上级商议决定。县乡两级建立社会治理综合智慧中心和综合指挥室，统一受理流转交办网格和各渠道上报的各类事件。乡镇（街道）基于内设科室和县级部门派出机构，按照综治工作、市场监管、综合执法和便民服务四个模块设置四个处置平台，扁平高效地处理网格上报的各类事件。有事马上办，突出"办"的实效性。健全党员干部直接联系服务群众机制，推进"最多跑一次"改革向农村延伸，加快基层便民服务点建设，实行村级事务管理多员合一、专职代办，实现常用事项和民生事项全域通办。强抓事项落实，一般事项快速结、重点事项书记抓、联办事项流转办。好坏大家评，注重"评"的科学性。说事村民专项评，对每件办结事项进行满意度测评，做到一事一评、即办即评。村民代表综合评，结合"双述双评"，对村民说事全年开展情况进行综合评价，倒逼干部改进作风、干事创业。乡镇（街道）绩效评，把村民说事与集体经济、村庄环境、社会稳定、干部廉洁"四张报表"考评相结合，比学赶超、争先创优。

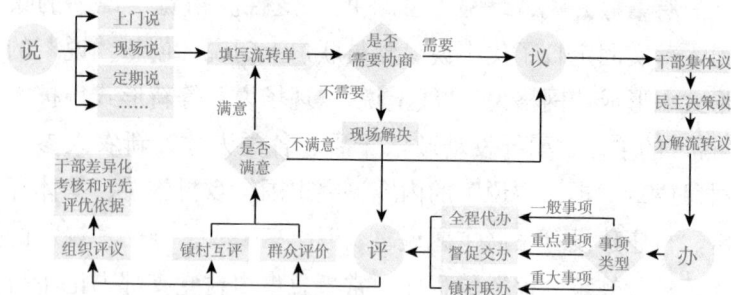

说 → 上门说 / 现场说 / 定期说 / …… → 填写流转单 → 是否需要协商 —需要→ 议 → 干部集体议 / 民主决策议 / 分解流转议

是否需要协商 —不需要→ 现场解决

满意 / 不满意 → 是否满意

干部差异化考核和评先评优依据 ← 组织评议 ← 镇村互评 ← 群众评价 ← 评

全程代办——一般事项 ／ 督促交办——重点事项 ／ 镇村联办——重大事项　事项类型 → 办

二是突出制度集成，打造"三治融合"的乡村治理模式。

村民说事与农村小微权力规范化运行相统筹。深化小微权力清单制度，提高村民说事"议"的规范性和"办"的满意度。充分考虑基层实际和操作便捷，对75条小微权力进行梳理、精简、完善，形成21条小微权力清单和运行流程，健全村级重大事务决策报备、村级工程项目监管等重点领域配套制度。严格执行村民说事"说、议、办、评"制度流程，推动小微权力清单制度有效落实，确保农村基层权力依法运行。村民说事与"一村一法律顾问"制度相结合。建立法律顾问全程参与村民说事制度，安排村法律顾问，开展普法教育、解答法律咨询、开展法制宣传、排查矛盾纠纷等具体事项。构建初信初访整体联动、快速响应机制。村民说事与"一中心四平台全科网格"相衔接。村民说事在网上全程记录、高效流转、快速办理，实现"村民大事全网联动、村民小事一格解决"。在此基础上，升级打造线上线下融合、覆盖全域的民情综合信息平台，构建县、镇、村三级联动、相互补充的矛盾问题解决机制。

三是突出党建引领，营造共商共建共治共享的治理生态。

坚持党建引领，以村民说事为平台，建强基层组织，推动力量下沉，锤炼党员干部，下派 90 名青年后备干部担任第一书记帮扶整转后进村，提升农村党组织组织力。推动"书记账本"、党员联户、"五议两公开"、"最多跑一次"、双述双评等制度与村民说事"说、议、办、评"环节有机融合，完善乡村治理运行机制。县人民代表大会常务委员会通过深化提升村民说事的决定，定期监督检查村民说事落实情况。这些主体通过村民说事积极参与乡村治理，增强了乡村治理活力，大大提高了乡村治理能力和水平。实践证明，村民说事是落实以人民为中心发展思想的有效载体，是实现乡村治理有效的机制创新，是推动乡村振兴的制度保障。

85. 如何创新村民自治，打造"幸福乡村"？

湖北省秭归县面对人员居住分散，村委会服务半径大，群众利益协调难等问题，将行政村适度划分为若干个村落，实现党小组在村落内全覆盖，以村落理事会为自治主体，以"两长八员"为服务骨干，强化村落管理制度保障，吸引群众有序参与"幸福村落"建设，真正让村民自治落地生根，有效化解了农村社会"神经末梢"管理缺位和失灵问题。

秭归县地处湖北省西部、长江西陵峡畔，是一个集老区、库区、坝区于一体的山区农业县、原国家级贫困县。2001年，秭归县实行合村并组后，山大人稀，居住分散，当地村干部戏称"三五个村干部，数十里大山场，干部辛苦跑断了腿，堵不住老百姓埋怨的嘴"。面对基层治理的现实困境和农村发展的内在需求，秭归在全县开展以"十个得到"为主要内容的"幸福村落"建设，要求经济得到发展、民生得到改善、环境得到保护、设施得到建设、文化得到传承、乡风得到净化、正义得到伸张、矛盾得到化解、困难得到帮扶、权益得到保障，深化村民自治实践，将"大单元"的村民自治延伸至"小范围"的村落治理，有效化解了农村社会"神经末梢"管理缺位和失灵问题，较好地推动了村民自治落实落地。

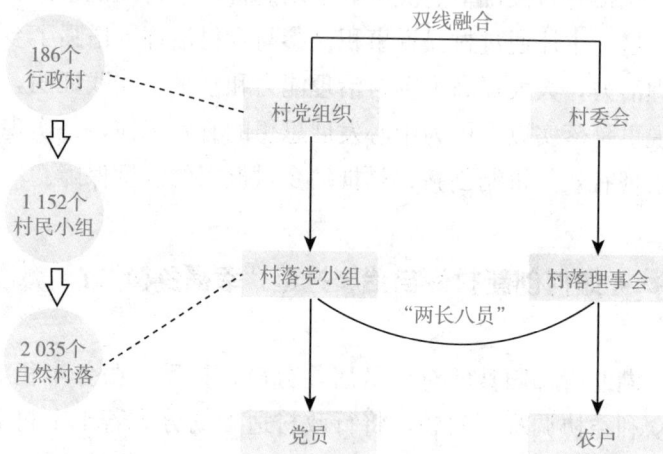

一是坚持党的领导，实行"双线融合"的三级架构。

坚持党的领导是实现自治的根本前提。突出基层党组织对基层群众自治的领导，推动"村党组织—村落党小组—党员""村委会—村落理事会—农户"两个三级架构融合运行。

二是坚持规模适度，合理划定治理单元。

充分考虑地缘、血缘、亲缘、利缘、文缘等关系，本着地域相近、产业趋同，利益共享、规模适度、群众自愿的原则，秭归县按照 50～80 户、地域面积在 1～2 平方公里的规模，将一个行政村划分为若干个村落。使村落群众成为一个利益共同体，村落理事会成为党和政府与农民群众联系的桥梁纽带。

三是坚持发扬民主，选优配强村落骨干。

发动能人带动是激活自治的重要途径。秭归分村落召开村落群众会议，民主推选村落"两长八员"（党小组长、村落理事长，经济员、宣传员、帮扶员、环卫员、调解员、管护员、张罗员、监督员）。工作能力强者，一人可以兼任多职，提倡党小组长兼任村落理事长。很多办事有能力、参与有精力、服务有热情的农村党员、离职干部、退伍军人、产业大户等骨干被推选为"两长八员"参与村落治理，不仅解决了村委会服务半径过大、管理服务难等问题，也为乡村振兴储备了一批精英人才。

四是坚持以民为本，有序落实村民自治。

吸引群众参与是自治落地的关键所在。理事会和"两长八员"代表了村落群众的普遍利益，能把缺乏合力的农民凝聚起来，将村落群众扭成利益共同体。他们以义务为主、适当补贴方式开展工作，以村落群众共同关注的热点难点问题为突破口，增强村党组织服务能力、维护社会稳定、促进农村发展、提高村民幸福指数，发挥了带动作用，吸引群众有序参与，带领群众开展"幸福村落"建设。

五是强化制度建设，推动幸福村落建设。

完善制度保障是自治发展的长远之策。为加强"幸福村落"建设保障,使各村落理事会办事有章可循,秭归县制定出台了村落公益事业议决建管办法、"幸福村落"建设考核标准、村落矛盾纠纷调处办法等10项工作规范,指导"幸福村落"创建工作有序推进。县财政每年为每个村安排2万元专项建设资金。"幸福村落"建设是让村民自治落地生根的有效举措。在探索以"两长八员"激活村民自治的过程中,通过坚持党的领导、激发能人带动、吸引群众参与和完善制度保障"四位一体",实现了村民自治的目标,创新了建强组织的思路,开拓了干群联系的渠道,凝聚了脱贫攻坚的新动力,发掘了促进和谐的新源泉。

86. 如何通过积分制为乡村社会治理赋能?

油溪桥村位于湖南省新化县吉庆镇东北部,辖12个村民小组、228户、868人,属石灰岩干旱地区,曾为省级特困村,也是有名的软弱涣散村。油溪桥村深谙"脱贫不能等靠要,既然党的政策好,就要努力向前跑",积极探索村级事务积分考评管理制度,村里大小事务都通过积分制体现,村民根据积分参与村集体收入分红,党员干部根据积分管理考核,小积分激发了主体活力,实现了基层治理与村级发展互促互进,赋予了乡村社会治理新动能。

一是运用系统思维,以"小积分"奏响"大合唱"。

积分制是指以积分考核管理为主要形式,通过登记、审核、公示、讲评、奖惩等各个环节,使得村里大小事务得到有效处理,村民根据积分多少参与村级集体收入分红的制度。运用积分制可有效地组织引导村民参与村庄建设、产业培育、文明创建等各项事务。积分制的组织实现党的领导

"全方位"。从产生到落地，积分制都离不开村党支部的领导。村"两委"对积分制管理实行严格责任分工，成立了村积分制管理领导小组，负责积分制筹划、积分审核认定以及考核考评等各个环节。村组党员干部以身作则带头推行积分制，切实以"一班人"带动"全村人"。积分制的筹划实现村民群众"全参与"。坚持民意导向，积分制搞不搞、怎么搞，都由大家提议、商议、审议，全部交给"阅卷人"来商定。积分制的制定分"三步走"：第一步，实现"策由民选"。启动制定时通过老方法、新媒体并用的方式广而告之，全面提升村民的知晓度、认可度和参与度。第二步，实现"规由民定"。对有利于村集体发展的"金点子"，实时提交村"两委"讨论，征询各家各户意见，充分凝聚民智。以经过七次修订的村规民约与征集到的民意为基础，因村制宜，依法依规，逐步完善与细化积分内容和实施细则，形成可操作性强的积分制草案。第三步，实现"事由民决"。召开村民代表大会，投票表决通过积分制草案，实践中及时查漏补缺，予以动态完善。积分制的内容实现村级事务"全覆盖"。关于赋分。总积分由基础分、奖励积分和处罚积分等构成，逐人建立积分动态管理台账。每项分值根据内容重要程度赋予，加扣分上不封顶、下不封底。关于范围。对村干部、党员、群众等三个层级的行为人进行考核。关于内容。将村规民约各项内容纳入积分制赋分项目，其中，加分子项 35 个、扣分子项 41 个。如将移风易俗纳入积分管理，禁燃禁炮、禁赌禁毒、不准大操大办红白喜事；将禁伐、禁猎、禁渔、禁塑、禁烟纳入积分管理；将义务筹工筹劳纳入积分管理，切实将"多劳多得、不劳不得"的原则生动体现到村级事务管理中。

二是打通各个环节，以"小流程"链接"大治理"。

对登记、审核、考评、奖惩等每个流程进行全程管控，让积分制在油溪桥村落地见效。一是严格规范操作。村委会建立管理台账与积分手册。村干部直接挂点当院落院长，负责各自院落积分制落实。农户可通过口头、电话等多种方式申报积分，明确时间、地点、事由，提供相关证据。经小组成员核实后进行加扣分，并计入管理台账。村积分制管理领导小组每月对村民积分进行审核认定，每月 28 日审核后，在积分卡上登记认定结果，并在案卷记录上统计相应数据。每季度将村民的积分情况在村务公开栏等醒目位置进行公示，接受广大村民监督。每年年末进行核算，积分以交办事务本、加扣分登记册、会议记录本、管理台账、积分卡等为依据，结果登记进档案，第二年重新计算。二是强化考核考评。积分制与村组干部工资绩效、个人考评直接挂钩，对其出勤、公益事业捐献、业务素质、任务完成、群众满意度等情况进行综合考核。同时，将全体村民的年度总积分与村集体收入分配挂钩，将集体收入的一定比例用于积分分红，负分不能分红。三是共享积分成果。奖励形式分为兑换服务、物质奖励、精神鼓励和享受有关激励政策，年度内积分累积使用，奖励之后不清零。年底积分档案袋与户主全家见面，全村张榜公布，让村民又晒又比。

三是突出正向激励，以"小量变"催动"大变革"。

积分制的推行，让党员干部争相"得分"，"积"出了基层组织力。积分管理将党员考核转变为量化比较，先进后进一目了然，将党员的言行表现完全展现在群众眼前，使其接受评议和监督，让每名党员身上有担子、心中有压力、工作有动力，促使其主动联系服务群众，尽最大可能为群众办实事、办好事。积分制的推行，让村民争相"攒分"，"积"发了内生源动力。积分管理将村民践行村规民约情况与参与村级发展分红等切身利益挂钩，凝聚了村民合力，激发了干事的内生动力，村民纷纷把村里的事当成"自家事"来办，"抢着干"的村民越来越多，"站着看"的村民越来越少。积分制的推行，让油溪桥村不断"加分"，"积"活了农村生产力。积分制的实施，最大限度地激发了村民自我管理、自我生产和参与村级集体经济发展的积极性，促进村中形成了村民致富与集体经济发展齐头并进、"大河有水小河满"的生动景象。

87. 如何通过小微权力清单构建乡村反腐新机制？

宁海县位于浙江省东部，辖 18 个乡镇（街道）、363 个行政村。面对农村经济社会快速发展过程中出现的小微腐败及引发的村级矛盾纠纷，按照习近平总书记"把权力关进制度的笼子""基层党组织必须坚强，党员队伍必须过硬"的要求，在全国首创并推行村级小微权力清单"36 条"，厘清小微权力运行边界，制定权力行使流程，确保权力运行规范有序，并通过目标管理考核、宣传教育、联动监督等办法，推动"36 条"落地生根，真正"让群众明白，还干部清白"。

一是厘清边界，梳理村级小微权力清单。

按照于法周全、于事简便的原则，全面收集汇总村级组织、村干部权力事项，消化清理归纳总结，把涉农政策制度梳理形成《宁海县村级权力清单三十六条》，涵盖了 19 项公共权力事项和 17 项便民服务事项，基本实现村级权力全覆盖。把"五议决策法"作为权力清单的首个条款，规范村党组织提议、"两委"联席会议商议、党员大会审议、村民代表会议决议和群众评议流程，强化基层党组织对村级重大事项的统一领导权。2018年按照"最多跑一次"改革要求，修改了28项流程，归并取消了11项权力，完善了农村巡查等24项保障机制。

宁海县小微权力清单"36条"	
一、村级重大决策事项	1. 村级重大事项"五议决策法"
二、村级采购事项	2. 物资、服务采购；3. 微型工程；4. 小型工程；5. 法定规模标准以上工程
三、村级财务管理事项	6. 财务开支票据审批；7. 现金支取（转账支付）；8. 非村干部报酬补贴发放；9. 招待费支出
四、村级工作人员任用事项	10. 民兵连干部和预建党支部成员任用；11. 选调人员任用；12. 文书、出纳（报账员）任（聘）用；13. 临时用人、用工
五、阳光村务事项	14. 党务公开；15. 村务公开；16. 财务公开
六、村级集体资源和处置事项	17. 集体资源性资产处置；18. 财产物资管理；19. 集体土地征收及征收款发放
七、村民宅基地申请事项	20. 农村宅基地审批
八、村民救助、救灾款申请事项	21. 低保（五保）申请；22. 救灾、救济款物发放；23. 被征地农民基本生活保障参保登记办事；24. 困难救助申请；25. 残疾人两项补贴申请；26. 党内关爱基金申领
九、村民用章管理事项	27. 印章管理；28. 户口迁移；29. 分户；30. 殡葬管理；31. 水、电开户申请
十、计划生育服务事项	32. 流动人口婚育证明办理；33. 计划生育家庭奖励扶助金发放
十一、服务村民其他事项	34. 矛盾纠纷调解；35. 党员组织关系迁转；36. 发展党员工作

二是明晰权限，规范村级小微权力运行。

强化村级组织、村干部权力主体的岗位职责，确保村级权力运行"一切工作有程序，一切程序有控制，一切控制有规范，一切规范有依据"。围绕"36 条"事项编制权力行使流程图，明确村级权力事项名称、具体实施责任主体、权力事项来源依据、权力运行操作流程、运行过程公开公示、违反规定责任追究等 6 方面内容。除工程招投标等重大事项外，其余村级事务办理流程都控制在 5 个环节左右。

三是顶层设计，构建责任传导工作机制。

建立以县委书记为组长，县委副书记、纪委书记、组织部长等任副组长的领导小组，将任务分解到县委、县政府相关领导。制定县委"36 条"目标管理考核办法，不定期开展联合或专项督查，全面启动农村巡查全覆盖，压实各级党组织主体责任。县纪委将"36 条"落实情况作为年度廉政检查和主体责任报告的必需内容，对执行不力的党组织及相关人员进行约谈、问责。县委组织部把"36 条"纳入基层党组织书记述职评议，列入书记抓党建工作任务清单，作为村干部备案管理的内容，层层压实责任。县级有关部门和各乡镇（街道）按照职责分工，及时完善"36 条"有关政策文件，加强日常工作监督指导，推动"36 条"落地生根。

四是宣传教育，营造入脑入心舆论氛围。

把农村党员干部学深悟透"36 条"作为有效执行的基础前提，分类抓好常态培训。突出第一书记和村干部执行主体地位，把学习"36 条"列为村干部和村级后备干部培训重要内容。强化联村干部执行把关，综合运用周二夜学、

"走村不落户、群众考干部"等载体形式，把学习贯彻抓在经常。组织农村党员全员轮训，编写乡土教材，组建讲师团，以千人大党课、支部主题党日、现场观摩等形式加强学习。提升群众知晓率，制作播放"36条"微电影、动漫，创作戏剧等文艺作品，绘制墙体漫画，向农户发放20余万册口袋读本、漫画图册和监督案例集，让群众明白"找谁办事、怎么办事"。

五是奖惩并举，健全三级联动监督体系。

紧扣权力行使核心环节，健全党委政府、村务监督委员会、群众监督有机统一的三级监督体系。在党委政府监督层面，制定"联村铁律30条"，对联村干部指导把关不到位、问题严重的，评定为基本满意或不满意。制定加强新时代村干部队伍建设的"锋领头雁20条"，配套报酬激励、歇职教育、村干部违反规定56项具体行为和责任追究标准等正反激励制度，开发了"36条"智慧监督系统软件，使每个环节都可追溯、可监督。在村监会监督层面，制作村务监督明白卡、村务监督对账单、村务监督地图，组织开设全县村务监督论坛。在村群众监督层面，推行"议事会"等制度，扎实推进阳光村务工程，建设宁海"阳光村务网"和数字电视公开平台，让群众通过家里电视或手机等就可查询到村级事务办理情况。

六是改革升级，系统配套执行保障制度。

针对村级工程招投标市场不完善、村民代表议事规则不健全、从严惩戒村级权力主体法律依据不足等问题，研究制定《保障村级组织正常工作秩序的实施意见》《宁海县不称职村社干部"歇职教育"办法》《宁海县村民代表退出实施细则（试行）》等30余项配套制度，为"36条"实施提供制度保障。

88. 如何通过数字化赋能乡村治理？

乌镇镇位于浙江省桐乡市，是世界互联网大会永久会址。在推进乡村治理体系和治理能力现代化进程中，乌镇镇以"乌镇管家"云治理平台为抓手，运用物联网、大数据、云计算、人工智能等现代治理手段，创新治理模式，提升治理能力，用"指尖"与"脚头"共同构筑起"平安堡垒"，取得明显成效。

一是夯实基础，优化生态，激发乡村治理内生力。

集发展之势筑牢智慧治理之基。乌镇不断加强智慧网络基础设施建设，在全省率先建立了"人脸识别"智慧小区，建成包含电信、联通、移动三家运营商的国际互联网数据专用通道。乌镇乡村治理基础设施支撑能力不断提升，智慧网络基础设施全国领先，成为名副其实的"智慧小镇"。聚争先之力组建智慧治理队伍。"乌镇管家"是伴随世界互联网大会而生的一支基层自治力量，其发挥人熟、地熟、情况熟的特色，按照"四清四报"的要求，通过"三站合一""线下收集＋线上报送"等多种渠道，有效覆盖了以往工作模式里难以触及的领域，扫除了信息收集的盲点。拓创新之路建立云治理平台。"乌镇管家"云治理平台是乌镇乡村治理的"神经中枢"，网罗了 25 个部门、20 多个平台的数据和 13 项条线功能，是将乌镇打造成全国"智慧小镇"样板的重要载体。云平台建成以来信息处置率达 100%，实现了事事有回音、件件有落实。

二是智慧赋能，协同互促，书写乡村治理新篇章。

　　智慧"自治"，聚合力增活力。"乌镇管家"云治理平台接收到上报信息后进行信息筛选，分类派送职能部门或智能终端处理，大幅提升了治理效能。智慧"法治"，提效率强保障。乌镇充分利用"乌镇民情"公众号、"浙里调"小程序、ODR线上矛盾化解平台等科技手段，构建"互联网+矛盾纠纷多元化解"新模式。"乌镇管家"调解员在开展每日排查时，熟练运用"乌镇民情"公众号处理矛盾纠纷或苗头隐患，现场开展调解工作。智慧"德治"，植民风扬正气。开展"微嘉园"平台积分管理，村民通过该平台反映问题、在线议事、获知最新政策和招工信息，每日登录平台、上报事件、建言献策均可加分，积分可以到村委会换取牙膏、洗衣液等生活用品，亦可以兑换平安保险、合作医疗补助、文化礼堂租借、家宴费用减免等社会服务。平台使用以来，全体村民形成了相互监督、自我管理的良好风气。

　　三是全域深化，拓展运用，打造乡村治理共同体。

　　实现养老服务"触手可得"。建立乌镇智慧养老综合信息平台，运用智能物联健康信息系统，可以实现智能家居照护、SOS跌倒呼叫与定位、网络医院预约挂号及网上会诊等功能。通过综合运用线上线下系统，乌镇把各村社散居的老人用"网"连在了一起，建起了一个没有围墙的养老院，形成了综合、立体、以居家养老服务为主导的智慧化社会养老服务体系。打通公共出行"最后一公里"。建立智慧交通诱导系统，合理规划进出镇区的运行路线，在主要道路设置停车场引导及停车位数量实时显示电子屏，落实乌镇主要道路标牌、标识建设。通过手机扫描二维码，进行公共自行车租赁，实现低碳便捷出行。通过手机应用可实时查看所有公

交车位置、线路，方便群众公共交通出行。开通城市开放道
路"5G自动微公交"示范线路，正式投入使用商用的智能
驾驶汽车，解决村民回家"最后一公里"问题。完成法律服
务"时空跨越"。建立互联网司法所、5G智慧法庭，创新推
出"24小时法超市"等智慧化应用。通过网络信息化操作
平台，实现了网上立案、网上受理、网上庭审，切实做到了
让群众"最多跑一次"。乌镇法庭利用智能语音识别系统，
配合现有的高清数字法庭系统、庭审录音备份系统和"审务
云"，形成"视频＋音频＋文字"同步识别智能记录系统，
庭审记录方式从"绿皮车时代"迈入"高铁时代"，庭审同
步录音录像率达100％。

89. 浙江"千村示范、万村整治"工程推进农村人居环境整治的实践做法有哪些？

　　"实施'千村示范、万村整治'工程，确实是我省推进
社会主义新农村建设的龙头工程。"这是习近平同志2006年
9月8日在《浙江日报》发表的《建设新农村要体现因地制
宜原则》一文的结语。这句话，深刻指出了"千万工程"对
破解"三农"问题、加快新农村建设的重大意义。

　　自2003年6月"千万工程"启动实施以来，浙江乡村
建设大体经历了3个阶段：一是2003—2010年，以村庄环
境整治为重点的"千村示范、万村整治"阶段，广大乡村从
脏乱差迈向整洁有序；二是2011—2020年，以美丽乡村建
设为重点的"千村精品、万村美丽"阶段，广大乡村从整洁
有序迈向美丽宜居；三是2021年以来，以未来乡村建设为
重点，开启"千村未来、万村共富"新阶段，推动乡村从美

丽宜居迈向共富共美。

20年来，浙江省委、省政府坚持"千万工程"一张蓝图绘到底，一任接着一任干，一年接着一年干，每年召开深化"千万工程"现场会，由省委书记亲自参加并作工作部署。截至2022年，已连续召开了19次现场会，不断深化拓展、迭代升级"千万工程"的内涵，从治到美再到富，有力推动乡村振兴和农业农村现代化，也为全国农村人居环境整治树立了标杆。具体而言，浙江坚持以开展"千万工程"推进农村人居环境治理为抓手，推进乡村全面振兴的实践探索如下：

保持政策连续性，实现相关政策无缝对接。2010年12月，为接续深化"千万工程"，省委、省政府制定《浙江省美丽乡村建设行动计划（2011—2015年）》，在全国率先开展美丽乡村建设，提出"四美三宜两园"的目标要求，即科学规划布局美、村容整洁环境美、创业增收生活美、乡风文明素质美，宜居、宜业、宜游，幸福生活家园、休闲旅游乐园。从"新"到"美"，即从新农村到美丽乡村，使美丽乡村建设成为"千村示范、万村整治"工程的新目标。到2016年，五年美丽乡村建设行动计划完成后，省委、省政府又制定《浙江省深化美丽乡村建设行动计划（2016—2020年）》，明确了下一个五年建设美丽乡村的目标任务。2018年4月，省委、省政府又制定《全面实施乡村振兴战略高水平推进农业农村现代化行动计划（2018—2022年）》，提出"让农村加快成为安居乐业的美丽家园，推动乡村全面振兴"。

强化规划引领，完善县乡村规划体系。规划是引领、是蓝图，也是硬约束。浙江较早把乡村治理和乡村振兴纳入规划，建立了规划先行、标准规范、技术保障的引领机制。有关部门和建设单位对美丽乡村建设中的每一个项目、每一个工程，都组织有资质的单位进行科学规划，公开招标，坚持乡村规划、建设、管理、经营、服务"五位一体"、全程联动。全省形成了以县域美丽乡村建设规划为龙头，村庄布局规划、中心村建设规划、农村土地综合整治规划、历史文化村落保护利用规划为基础的"1＋4"县域美丽乡村建设规划体系。坚持"五级联动""五美联创"，创建了一批示范县、示范带、示范乡镇、示范村与示范庭院。

加大投入力度，完善乡村交通等基础设施。滚动推进农村生活垃圾、污水、厕所、历史文化村落保护利用等一大批实体项目，20 年间各级财政投入"千万工程"资金约 3 000亿元，撬动社会资本投入超 5 000 亿元。就农村道路改造而言，2003 年实施"乡村康庄工程"，2006 年所有乡镇通等级公路，2011 年实现"农村公路村村通"，2016 年全面创建"万里美丽经济交通走廊"，2017 年实现"农村客车村村通"。到 2020 年，浙江实施乡村全域土地综合整治工程 572个，新建和改造"四好农村路"超 8 000 公里，新增 384 万农村居民喝上达标饮用水。

实行典型引路，先示范再推广。自 2016 年开始，浙江省"千村示范、万村整治"工作协调小组办公室每年公布一批美丽乡村示范乡镇、美丽乡村特色精品村名单。截至2021 年底，浙江已累计建成美丽乡村先进县 58 个、示范县56 个、示范乡镇 610 个；创建美丽乡村风景线 665 条、特色精品村 1 835 个、新时代美丽乡村达标村 15 841 个，建成A 级景区村 10 083 个，其中 AAA 级景区村 1 597 个；建成标准化农村公厕 6.7 万座，实现垃圾分类行政村基本覆盖、农村规划保留村生活污水截污纳管、雨污分流治理全覆盖、无害化卫生厕所普及率99％以上，农村生活污水治理位列全国"第一方阵"；历史文化村落保护利用和农业文化遗产挖掘全面推进，共有2 537个古村落得到保护，中国重要农业文化遗产数量全国第一。

展　望
ZHANWANG

90. 如何理解中国式农业农村现代化？[①]

党的二十大向世界庄严宣告：从现在起，中国共产党的中心任务就是团结带领全国各族人民全面建成社会主义现代化强国、实现第二个百年奋斗目标，以中国式现代化全面推进中华民族伟大复兴。没有农业农村现代化，就没有整个国家现代化。中国式现代化离不开农业农村现代化。可以说，"三农"问题始终是贯穿社会主义现代化国家建设和实现中华民族伟大复兴进程的根本问题。

中国式现代化是人口规模巨大的现代化，推进农业农村现代化要把保障初级产品供给作为首要任务。对于我国这样一个人口大国来说，加强初级产品供给保障不容有失，特别是要保障好粮食和重要农产品有效供给。要把粮食和重要农产品保障作为首要任务来抓，坚决打好粮食安全保卫战，稳定蔬菜、畜禽、水产品等生产供应，确保中国人的饭碗牢牢端在自己手中。

中国式现代化是全体人民共同富裕的现代化，推进农业农村现代化要把缩小"三大差距"作为主攻方向。推动共同富裕是一场以缩小地区差距、城乡差距、收入差距为标志的社会变革。推进中国式农业农村现代化，要加快缩小"三大差距"，拓宽农民增收致富渠道，完善收入分配机制，打造"橄榄型农村社会结构"，让发展成果更多更公平惠及农民群众。

[①] 中国式农业农村现代化内涵解读，来自王通林，《奋力推进中国式农业农村现代化浙江先行》，《农民日报》2022年11月12日第5版。

中国式现代化是物质文明和精神文明相协调的现代化，推进农业农村现代化要把乡村文化振兴作为内在要求。乡村振兴，既要塑形，也要铸魂。应充分挖掘农业文化遗产和农村传统文化的重要价值，使乡村焕发文明新气象。推进中国式农业农村现代化，要充分发挥乡村文化引领风尚、教育农民、推动发展的作用，推进乡村移风易俗，激发优秀传统乡土文化活力，弘扬向上向善的良好社会风气，促进乡村物质文明和精神文明相协调。

中国式现代化是人与自然和谐共生的现代化，推进农业农村现代化要把坚持生态优先作为基本理念。农业农村是一个完整的自然生态系统，良好生态环境是重要支撑。要深入践行"绿水青山就是金山银山"理念，加强农业绿色发展，改善农村人居环境，使生态文明建设迈向更高水平。推进中国式农业农村现代化，要坚持绿色低碳农业发展方向，推进山水林田湖草沙一体化保护和修复，提升农村人居环境和乡村风貌，建设宜居宜业和美乡村，让绿色成为乡村大地最鲜明的底色。

中国式现代化是走和平发展道路的现代化，推进农业农村现代化要把农业对外合作交流作为重要窗口。加强农业对外合作交流，是构建人类命运共同体的重要举措。推进中国式农业农村现代化，要充分利用国内国际两个市场两种资源，构建充满活力的"走出去"经营体系、多元稳定的农产品市场体系和健全完善的对外合作体系，形成农业全面对外合作交流新格局。

91. 中国式农业农村现代化对乡村治理现代化提出了哪些新要求？①

习近平总书记在党的二十大报告中强调，以中国式现代化全面推进中华民族伟大复兴。中国式农业农村现代化作为中国式现代化的重要组成部分，是解决发展不平衡不充分问题的关键举措，其进展直接关系到中国式现代化的目标进度和质量成色（王通林，2022）。中国式农业农村现代化是一个动态过程和系统工程，既包括"物"的现代化，也包括"人"的现代化，并对乡村治理体系和治理能力现代化提出了新要求。

中国式农业农村现代化要求乡村治理现代化以乡村制度供给为根本保障。优化乡村制度供给是乡村治理现代化不可或缺的部分。改革在乡村社会运行不畅的部分，加快乡村治理制度创新，能够破除乡村治理现代化过程中面临的制度阻

① 本问回答主要来自：朱雅妮,高萌.乡村治理现代化：治理模式、关键问题与实现路径——第四届中国县域治理高层论坛会议综述[J].华中师范大学学报（人文社会科学版）,2020,59(2):42-47.

碍。一是要建立健全城乡融合发展的政策体系。打破传统城乡要素单向流动的桎梏，破除城乡间的制度性壁垒，破解二元结构难题，推动公共服务向农村延伸、社会事业向农村覆盖，健全全民覆盖、普惠共享、城乡一体的基本公共服务体系。二是要完善基层自治制度。在民主选举制度方面要使村委会选举办法和操作流程更加简便易行，在民主决策制度方面要落实村民会议、村民代表会议制度以及"四议两公开"决策机制，在民主协商制度方面要不断创新村务公开模式，在民主监督制度方面要建立村务监督委员会。三是要优化土地制度和集体产权制度。要优化农村土地所有权、承包权、经营权"三权分置"，建立有利于土地集中使用的制度，减少或消灭抛荒现象。例如，重庆通过"地票"制度，允许整治宅基地复垦和减少田埂面积所增加的农田进入"地票"市场交易，使远离城乡接合部的农民能够共享改革开放成果，其模式值得其他地区借鉴。又如，浙江通过土地股份化，形成"集体入股国有"混合所有制形态，使村集体能够以股权形式享有土地开发增值收益，建立政府与农民合作开发共享收益的机制。

中国式农业农村现代化要求乡村治理现代化以重构乡村文化价值为内源动力。在推进农业农村现代化中扎实推进乡村文化振兴，促进乡村物质文明和精神文明相协调，发挥乡村善治在高质量乡村振兴中的"铸魂"作用。推进乡村文化振兴，必须在3个方面下大功夫。一是要大力传播优秀传统道德情操，通过教育、宣传，让"勤俭节约、自强不息、与人为善、崇尚和美"的高尚道德情操深入扎根乡土，丰富农民的精神世界，提升农民的精神风貌。二是要大力推行"孝老爱亲、诚实守信、推己及人、邻里互助"的良好行为规范，确立"德业相劝、过失相规、礼俗相交、患难相恤"的向上向善风尚，为推进乡村治理体系和治理能力现代化夯实人文基础。三是要大力保护"丰富多彩、特色鲜明、乡情浓郁、古色古香"的乡土文化遗产，把乡村文化遗产的展示体验深度融入现实生活，让乡村文化遗产始终保持与时代互动交流，让中华农耕文明历史根脉绵延不断并随时代发展进步而发展演进，成为支撑乡村振兴的宝贵资源财富。

中国式农业农村现代化要求乡村治理现代化以再造乡村公共社会为组织载体。实现乡村治理现代化，要整合乡村内外分散的力量，推进乡村组织振兴，提升农户对于乡村共同体的认同感与归属感。体制性组织承担组织与领导功能，要注重发挥好带头人作用和统筹兼顾功能；经济性组织承担产业兴旺的功能，要鼓励共享发展、促进共同富裕。对于外生性经济组织要重视利益联结，对于内生性经济组织要进行大力扶持，实现带动和辐射功能；社会性组织承担着乡风文明、人居环境整治等重要功能，需要大力培育服务乡村的社会性组织，培养村民的公共责任和公共服务精神。

92. 后小康时代如何把发展和治理结合起来，实现农业农村领域共同富裕？

2020 年 12 月 31 日，习近平总书记庄严宣告：我国脱贫攻坚战取得了全面胜利。在这样一个人口规模巨大的国家消灭绝对贫困，在人类历史上是绝无仅有的。完成脱贫攻坚之后，我国要向第二个百年奋斗目标迈进，扎实推动共同富裕，实现从脱贫攻坚到乡村振兴再到共同富裕（郁建兴，2021）。后小康时代的乡村振兴，需要把发展和治理结合起来，实现农业农村领域共同富裕。乡村要实现振兴和共同富裕的目标，不仅面临着乡村社会经济发展的挑战，更面临着乡村治理方面的挑战（韩俊，2018）。

秦中春（2020）认为，要实现乡村振兴，在治理上要重点解决三大问题：一是人的精神思想问题，要通过加强宣传教育进行正面引导；二是人的社会管理问题，其核心是解决人与人之间相互依赖合作以及矛盾冲突的问题；三是人的公共服务问题，乡村要通过机制创新壮大集体经济，增强为村民提供公共服务的能力。因此，乡村治理水平的提升将有助于实现乡村振兴，最终实现共同富裕。

徐凤增、袭威和徐月华（2021）选取山东博山中郝峪村和陕西礼泉袁家村两个"全国乡村治理示范村"进行双案例研究，对乡村治理推进共同富裕提出了4点建议：一是强调村党支部在乡村产业发展和乡村治理中的核心和领导作用。乡村走向共同富裕必须理直气壮抓好村党组织建设。村党组织的建设涉及以"为人民服务"为宗旨处理党和村民的关系。由于党组织作为先锋队具有显著的能动性，能够通过面向"人"的"思想工作"来激发村民的自主治理动能，通过党员带头的方式来组织并服务村民，凝聚了村民，落实了思想指引。二是乡村走向共同富裕要重视原生制度逻辑与外来制度逻辑①的兼容性发展，形成多种制度逻辑共存的乡村治理格局。通过党组织领导，实现党组织逻辑与村庄原生宗族逻辑的深度融合，促进国家逻辑、市场逻辑和公司逻辑在村庄和谐并存。通过进一步完善乡村基层民主决策机制，可以

---

① 乡村治理的制度逻辑分为：宗族逻辑、国家逻辑、党组织逻辑、市场逻辑、公司逻辑。详见：徐凤增，袭威，徐月华.乡村走向共同富裕过程中的治理机制及其作用［J］.管理世界，2021（12）：134-151.

有效化解国家逻辑和村庄原生宗族逻辑间的矛盾。通过因地制宜制定乡村产业发展规划，能够避免村庄因追逐短期利益而失去长期竞争力，在发展过程中不断因时因地因势调整规划，助力实现乡村产业兴旺。通过股份合作等方式促进乡村集体资产的利益均衡分配，规范乡村企业的管理体系以吸纳更多人才，实现公司逻辑和宗族逻辑的分层融合。三是乡村要提升公共服务水平，并加强思想引领和传统文化熏陶，打造善治之基。实现农民收入和乡村文明双提升，必须做到精神文明和物质文明两手都要抓、两手都要硬。如，通过开办农民夜校、组织村民培训、开展新业态宣讲教育以及党员专题思想教育等，提升村民的思想认识水平；通过全体村民入股成立公司和合作社，壮大村级集体经济，解决公共服务问题；通过民主决策制定村规民约，并通过村"两委"严格执行村规民约来营造良好乡村氛围。四是乡村走向共同富裕离不开能人治理，同样说明乡村振兴离不开人才振兴。乡村要发展首先应明确自身发展路径，通过薪酬激励、晋升、公司股权奖励等方面制度设计，以及建立配套设施，吸引越来越多的有为年轻人加入乡村共同富裕的事业中来，进而实现人才振兴。

93. 全面建设农业强国对乡村治理提出了哪些新要求？

党的二十大着眼于统筹推进农业农村现代化和全面建成社会主义现代化强国的战略部署，做出了加快建设农业强国的决策部署。习近平总书记指出："强国必先强农，农强方能国强。没有农业强国就没有整个现代化强国；没有农业农村现代化，社会主义现代化就是不全面的。"2023 年 2 月 13

日,《中共中央 国务院关于做好 2023 年全面推进乡村振兴重点工作的意见》即 2023 年中央 1 号文件发布,首提建设农业强国的五大内涵,即供给保障强、科技装备强、经营体系强、产业韧性强、竞争能力强。

2023 年中央 1 号文件第八部分明确提出了建设农业强国需要"健全党组织领导的乡村治理体系"的相关要求。

一是强化农村基层党组织政治功能和组织功能。突出大抓基层的鲜明导向,强化县级党委抓乡促村责任,深入推进抓党建促乡村振兴。全面培训提高乡镇、村班子领导乡村振兴能力。派强用好驻村第一书记和工作队,强化派出单位联村帮扶。开展乡村振兴领域腐败和作风问题整治。持续开展市县巡察,推动基层纪检监察组织和村务监督委员会有效衔接,强化对村干部全方位管理和经常性监督。对农村党员分期分批开展集中培训。通过设岗定责等方式,发挥农村党员先锋模范作用。

二是提升乡村治理效能。坚持以党建引领乡村治理,强化县乡村三级治理体系功能,压实县级责任,推动乡镇扩权赋能,夯实村级基础。全面落实县级领导班子成员包乡走村、乡镇领导班子成员包村联户、村干部经常入户走访制度。健全党组织领导的村民自治机制,全面落实"四议两公开"制度。加强乡村法治教育和法律服务,深入开展"民主法治示范村(社区)"创建。坚持和发展新时代"枫桥经验",完善社会矛盾纠纷多元预防调处化解机制。完善网格化管理、精细化服务、信息化支撑的基层治理平台。推进农村扫黑除恶常态化。开展打击整治农村赌博违法犯罪专项行动。依法严厉打击侵害农村妇女儿童权利的违法犯罪行为。完善推广积分制、清单制、数字化、接诉即办等务实管用的治理方式。深化乡村治理体系建设试点，组织开展全国乡村治理示范村镇创建。

三是加强农村精神文明建设。深入开展社会主义核心价值观宣传教育，继续在乡村开展听党话、感党恩、跟党走宣传教育活动。深化农村群众性精神文明创建，拓展新时代文明实践中心、县级融媒体中心等建设，支持乡村自办群众性文化活动。注重家庭家教家风建设。深入实施农耕文化传承保护工程，加强重要农业文化遗产保护利用。办好中国农民丰收节。推动各地因地制宜制定移风易俗规范，强化村规民约约束作用，党员、干部带头示范，扎实开展高价彩礼、大操大办等重点领域突出问题专项治理。推进农村丧葬习俗改革。

94. 建设宜居宜业和美乡村对乡村治理提出了哪些新要求[①]？

建设宜居宜业和美乡村要与"扎实推动乡村产业、人才、文化、生态、组织振兴"紧密结合，注重以下五方面"和"，提升乡村治理效能。

注重产业发展之"和"，发挥乡村治理对产业兴旺的带动效应。建设宜居宜业和美乡村，要注重一二三产融合发展和多功能协调发展。在产业自身融合发展和多功能协调发展的同时，还应充分利用城（镇）村空间，推动产村融合和产城（镇）融合发展，使产业发展能为乡村各类劳动力带来更

---

①　本问回答主要来自：黄祖辉.建设宜居宜业和美乡村　要在"和"字上做文章[J].农村工作通讯，2023(5).

多的就业机会，尤其是带动乡村小农和低收入群体就业增收，通过产业发展之"和"形成长效减贫与就业增收机制。

注重经济生态之"和"，发挥乡村治理对生态宜居的引领效应。乡村的独特性在于拥有城市不具备的山水林田等自然生态，处理好乡村自然生态和经济发展的关系，是建设好宜居宜业和美乡村的关键。为此，必须坚定"绿水青山就是金山银山"理念，坚守底线思维、发展思维和转化思维辩证统一，即坚守生态安全红线与底线，绝不以牺牲环境为代价发展经济；坚定生态优先、绿色发展的发展思维；坚持产业生态化、生态产业化的转化思路与路径，将乡村的资源生态优势，乃至人文生态优势转化为经济社会发展的优势，实现乡村产业振兴和生态振兴同步，使乡村价值得到全面提升。

注重村庄治理之"和"，发挥乡村治理对乡风文明的联动效应。宜居宜业和美乡村必然建立在和谐乡村社会的基础之上。和谐乡村社会的主要标志是治理有效和文化和谐，两者又相互交融。乡村社会文化和谐是文化振兴的重要标志，不仅体现在乡村文化设施的建设和健康文化活动的开展上，而且体现在乡村多元文化的包容发展上，重点包括体现核心价值观的主旋律文化，体现"为自己干"的市场激励文化，体现乡风民俗的乡村传统文化等。需要进一步认识的是，文化具有非正式制度属性，它与法治这一刚性制度不同，是属于德治范畴的柔性制度，因此，有必要将文化建设上升到制度建设高度，充分发挥多元文化在德治中的作用。

注重多元主体之"和"，发挥乡村治理对治理有效的提升效应。宜居宜业和美乡村的建设、营运和居住主体应该是多元化的。乡村建设与营运的主体除村集体和农民外，还应包括政府、社会组织、企业等。这些主体虽然各自定位不同、路径各异，但各具优势，可以扬长避短、协同互补。因此，必须鼓励多元主体参与乡村建设和营运，形成乡村建设和营运的大联动、"大合唱"。此外，宜居宜业和美乡村必定是开放包容的乡村，其居住对象也一定是多元化的，至少会包括4种类型的乡人主体。一是原乡人，即乡村原住民；二是回乡人，如返乡能人等；三是新乡人，指来自城镇的新农人、农创客等；四是旅乡人，即经常到乡村休闲与居住的外来人。营造多元主体"和"之氛围，不仅会给乡村建设带来合力，也会给乡村带来人气和财气，使宜居宜业和美乡村更具活力。

注重共富发展之"和"，发挥乡村治理对生活富裕的推进效应。建设宜居宜业和美乡村必须坚持共同富裕发展路径。因此，既要重视乡村共富产业的发展，又要重视乡村共富机制的建构。发展共富产业关键要突显产业发展的普惠性，重点关注普通农民、低收入农民的产业融入性和收入获得性。建构共富机制关键是要建立帮扶带动机制和乡村资源资产共享机制。需要特别指出的是，无论是乡村共富产业发展，还是乡村共富机制建构，都需要发挥村级集体经济的作用。要进一步探索村级集体经济的发展思路与路径，在"三权分置"框架下，深化"三块地"和"三变"改革，在发展新型集体经济上下功夫，促进集体经济与市场经济、集体资源与企业资本有效结合，带动广大农民持续增收。

95. 如何提高乡村社会治理效能？

党的二十大报告指出，全面建设社会主义现代化国家，最艰巨最繁重的任务仍然在农村，并要求健全共建共治共享的社会治理制度，提升社会治理效能。乡村治理是实现乡村振兴的重要基石，也是推进国家治理体系和治理能力现代化的重要一环。要深入学习贯彻党的二十大精神，坚持以习近平新时代中国特色社会主义思想为指引，不断提升乡村治理效能。

以党建为引领，营造乡村良好政治生态。一是完善村党组织领导乡村治理的体制机制。建立以基层党组织为领导、村民自治组织和村务监督组织为基础、集体经济组织和农民合作组织为纽带、其他经济社会组织为补充的村级组织体系。二是构建乡村基层组织建设体系。实施村党组织带头人整体优化提升行动，持续整顿软弱涣散村党组织，发展壮大村级集体经济。三是发挥党员在乡村治理中的先锋模范作用。组织党员在议事决策中宣传党的主张，执行党组织决定。组织开展党员联系农户、党员户挂牌、承诺践诺、志愿服务等活动。

以群众为主体，构建村民自治管理体系。以群众为主体构建村民自治管理体系，增强村民自治组织能力；健全村民自治机制，完善村民（代表）会议制度，推进民主选举、民主协商、民主决策、民主管理、民主监督实践；丰富村民议事协商形式，健全村级议事协商制度，形成民事民议、民事民办、民事民管多层次基层协商格局；创新协商议事形式和活动载体，依托村民会议、村民代表会议、村民议事会、村民理事会、村民监事会等，开展村民说事、民情恳谈、百姓议事、妇女议事等活动。

以德治为基础，全面推进乡风文明建设。推动社会主义核心价值观融入文明公约、村规民约、家规家训。推动农村学雷锋志愿服务制度化、常态化。加强农村未成年人思想道德建设。开展好家风建设，传承传播优良家训。全面推行移风易俗，整治农村婚丧大操大办、高额彩礼、铺张浪费、厚葬薄养等不良习俗。加强村规民约建设，注重运用舆论和道德力量促进村规民约有效实施。大力开展文明村镇、农村文明家庭、星级文明户、五好家庭等创建活动，广泛开展农村道德模范、最美邻里、身边好人、新时代好少年、寻找最美家庭等评选活动，弘扬道德新风。结合传统节日、民间特色节庆、中国农民丰收节等，因地制宜广泛开展乡村文化体育活动。加快乡村文化资源数字化，让农民共享城乡优质文化资源。挖掘文化内涵，培育乡村特色文化产业，助推乡村旅游高质量发展。

以法治为保障，不断提升乡村法治化水平。推进法治乡村建设。规范农村基层行政执法程序，加强乡（镇）行政执法人员业务培训。大力开展"民主法治示范村"创建，深入开展"法律进乡村"活动，实施农村"法律明白人"培养工程，培育一批以村干部、人民调解员为重点的"法治带头人"。推进农村社会治安防控体系建设，加强农村警务工作，大力推行"一村一辅警"机制，扎实开展智慧农村警务室建设。坚持发展新时代"枫桥经验"，做到"小事不出村、大事不出乡"。健全人民调解员队伍，加强人民调解工作。充分发挥人民法庭在乡村治理中的职能作用，以巡回审判方式及时解决农村法律纠纷。深入推进公共法律服务实体、热线、网络平台建设，在村民委员会建立公共法律服务工作室，进一步加强乡村法律顾问工作。

以新技术平台为载体，提供乡村治理信息文化支撑。一是建立完善新时代农村讲习所，为凝聚乡村治理正能量提供平台。借助农村讲习所向村民传授新思想、新知识、新文化，引导各类人才为发展农村经济、关爱留守儿童、整治乡村环境、建设基础设施等方面出计献力。二是运用现代信息技术，加强乡村治理信息化建设。充分运用"互联网＋"技术，发挥信息化支撑作用，探索发展"互联网＋网格管理"模式，提升乡村治理智能化、精细化、专业化水平。利用手机微信群等加强党员干部和群众之间的联系沟通，及时了解群众需求与意愿，及时反馈群众诉求，为乡村治理效能提升提供重要的信息化保障。

96. 如何健全多元共治机制，提高乡村治理能力，推进乡村治理现代化？

治理体系和治理能力是相辅相成的，治理体系的完善为治理能力的提升提供了前提，治理能力的提升为治理体系效能的实现奠定了基础。社会治理能力是充分运用治理体系治理社会各方面事务，使之相互协调、共同发展的能力（张振安，2022）。发挥乡村治理体系的效能要从以下几个方面优化多元共治机制，提升多元共治主体乡村治理能力。

精确定位党政机关的角色权责。第一，党组织要严格规范村民委员会换届选举工作，完善"两委"班子成员资格联审机制，提升基层党员、干部法治素养，增强班子成员的履职能力。第二，乡镇人民政府既要尽到组织领导、统筹协调、监督检查等传统行政法意义上的管理职责，又要积极履行责任承担、服务供给、福利保障等现代行政法意义上的国家义务。第三，司法行政机关要完善公共法律服务体系，建立一村一法律顾问制度，培育村民的法律意识，强化村民自我管理、自我服务、自我教育、自我监督的能力，夯实人民群众在乡村自治中的主体地位。第四，政府部门要充分发挥科技对社会治理的支撑作用，加大资金投入力度，运用现代信息技术，提升乡村治理能力水平，实现智能化、智慧化、数字化治理。

大力提升村委村民的自治能力。村支部是乡村治理的导航者，要通过各种形式的党建共建活动全面加强乡村党支部建设，开阔党员干部的视野，拓宽治理能力提升的渠道，切实增强服务群众的能力。村委会是村民的自治组织，是乡村治理的重要载体，要确保村委会产生的合法性和民主性，村委会成员应提升个人修养，提高服务能力，创新自治方式。村民是乡村治理的主体，要在制度上确立村民的主体地位，维护广大村民的基本权利，增强村民的话语权，培育村民的公共精神，进而促进乡村善治的实现。

积极引导社会组织和个体参与乡村治理。在工业、服务业现代化进程中，乡村能人大量流向城市，造成了乡村治理主体力量的空缺，严重地影响了乡村治理的现代化进程。在新时代乡村社会治理过程中，应鼓励乡村能人回归乡村，助力乡村社会的现代化建设。同时，要完善基层社会组织参与机制，鼓励和引导企事业单位，如高校科研院所、律师事务所等参与乡村治理，弥补乡村能人流失造成的治理力量的不足。

97. 如何建立利益共享制度，提升乡村治理成效，推进乡村治理现代化？

建立公平合理的利益协同和分配机制是实现乡村治理现代化的关键。对共同利益的追求促进了乡村治理多元共治格局的形成，只有建立合法合理的利益共享制度，确保各个主体利益的合理实现，才能从根本上提升乡村治理的效果（张振安，2022）。

树立正确的利益共享价值导向。在多元共治格局中，不同主体之间以及村民内部之间的价值观和价值诉求都呈现出多元化的特点，因此对乡村治理主体的价值理念进行整合，构建多元主体价值共识，树立正确的价值导向尤为重要。具体而言，要坚持以人民为中心的价值理念，以维护多数村民的公共利益为合作共治的根本价值导向，统筹兼顾其他参与主体的合法利益，最大限度地利用各主体所拥有的资源，形成乡村治理合力，实现各方利益最大化。

进一步巩固提升农村集体产权制度成果。一是要改革完善农村集体土地制度。农村集体土地制度是推进农业现代化、建设乡村产业和推动乡村经济发展最重要的制度影响因素。应完善"三权分置"制度，有效地保障农村集体经济组织、承包农户和经营者的合法权益，促进现代农业的发展。建立农村产权交易制度，鼓励村集体和村民将集体经营性建设用地和闲置宅基地通过产权交易中心以出租、入股或者其他方式进行流转。二是要大力发展村集体产业，盘活闲置资源。一方面要深入推进农业供给侧结构性改革，培育壮大农村专业合作社，发展具有地域特色、符合市场需求的产业项目。另一方面要兴建村集体企业，盘活村集体所有闲置资产，增加集体经济积累，优化资源资产效益。同时，改革村级财务管理制度，保障运转的财政资金实行村财镇管、集体经济收益实行民主监督下的村委会统管，充分调动村级发展集体经济的积极性。

98. 如何贯彻习近平总书记在文化传承发展座谈会上的重要讲话精神，通过文化振兴助推乡村治理？

党的二十大报告提出："坚持和发展马克思主义，必须同中华优秀传统文化相结合。"习近平总书记在出席文化传承发展座谈会时强调："在五千多年中华文明深厚基础上开辟和发展中国特色社会主义，把马克思主义基本原理同中国具体实际、同中华优秀传统文化相结合是必由之路。"中华优秀传统文化根植于农耕文化。我国乡土文化资源丰富，推进乡村文化振兴是实现乡村全面振兴的应有之义、是扎实推进共同富裕的必然要求、是加快推进农业农村现代化的根本保障、是深入推进乡村治理现代化的重要抓手、是绘就农村居民幸福图景的加速引擎。

积极推进文化强农。树立人文生态也是"金山银山"的理念。将人文生态资源与自然生态资源有机结合，促进乡村文化同其他资源要素融合发展，合力激发乡村产业发展新动能。推进文化产业赋能乡村振兴。要通过创意设计和科技创新等多元手段，将民间记忆、神话传说、民歌舞蹈、民俗节事等资源，开发为具有地方特色的良品和精品。要促进一二三产业融合发展，把乡村农产品、手工技术、农事节庆打造成乡土品牌，推动静态的乡村文化资源转变为动态的乡村创意资本。

积极推进文化美村。用文化艺术赋能乡村振兴，激发村民文化自信。如结合未来乡村、美育示范村等建设以及美丽庭院、旧居老屋、乡村杆线等"微改造、精提升"工作，推广浙江省宁波市宁海县葛家村"艺术点亮乡村"等艺术乡建的成功经验，实现文化艺术赋能乡村振兴。打造在地公共文化空间。广泛调动公众参与积极性，激发乡创人士的创新活力，让乡村成为创客们聚会、合作、创新之地。

积极推进文化育人。坚持物质文明和精神文明建设协调推进。发挥农业农村部门与农民群众关系最密切、打交道最直接、服务最具体的优势，谋发展和抓思想共进，富口袋与富脑袋同步，推进习近平新时代中国特色社会主义思想深入农村、深入人心。打造具有农耕特色的精神文明建设品牌。通过收集老照片、老物件，梳理乡村历史发展脉络，增强广大村民文化认同感。用好本土的传统信仰，发挥好历史文化名人的示范作用，树立本土的精神榜样，用本土文化引导和教育群众行为有法度、价值有引领、操守有规范，带动乡风民风向善向好。

99. 如何学习浙江"千万工程"经验，推进乡村治理现代化走深走实？①

习近平总书记强调："要鼓励基层大胆创新、大胆探索，及时对基层创造的行之有效的治理理念、治理方式、治理手段进行总结和提炼，不断推动各方面制度完善和发展。"乡村治理体系和治理能力现代化是建设宜居宜业和美乡村的基础，需要立足实际不断探索创新。在实施"千万工程"的过程中，浙江许多地方出台乡村治理工作规范、村民说事监督

---

① 本问回答主要来自：王盆屾."千万工程"重塑乡村治理机制[DB/OL]. (2023-07-04). https://www.cssn.cn/skgz/bwyc/202307/t20230704_5665977. shtml? cqxhlwdc=1f.

规范、村民诚信指数评价规范等形式多样的规范，设立"百姓议事会""道德评议团""百事服务团"等基层治理载体，形成"幸福积分制""垃圾分类积分制"等激励机制，推动乡村治理内涵不断深化、外延不断扩展、成果不断积累（唐玉，2023）。随着乡村治理机制不断创新、治理平台不断完善，各地立足村情，大力落实全面推进乡村振兴各方面工作，让农村既充满活力又稳定有序。

抓重点，提升群众自治能力，"讲实话"。推进"千村示范、万村整治"工程既是政府的责任，也是农民自己的事情，要重视调动农村基层组织和广大农民群众参与整治的积极性。"千万工程"实施以来，浙江始终坚持群众立场、群众视角，从农民最关心的事情做起，为广大农民带来获得感、幸福感。浙江坚持"村里的事情大家商量着办"，因地制宜出台安吉乡村治理标准、余姚邵家丘"道德银行"、农村文化礼堂、宁海村级小微权力清单等制度规范，创设嵊州"民情日记"、杭州小古城村"樟树下议事"等"村民说事"基层民主协商机制，首创"桶长制""塘长制""河长制""农创客"等，迭代创新"枫桥经验"，以村民自治制度为本，推广民主恳谈、"五议两公开"等民主自治形式。正是在调动农村基层干部和广大农民群众的积极性、主动性和创造性的基础上，浙江逐步健全乡村治理机制。

抓难点，创新农村社会治理，"出实招"。村级民主政治建设是解决农村问题的一个"牛鼻子"，解决好这个问题，其他很多问题就会迎刃而解。"千万工程"实施以来，浙江坚持加强农村基层组织建设，大力构建党建统领的自治、法治、德治、智治"四治融合"的现代乡村治理体系，深入推进全过程人民民主基层实践，依法实行民主选举、民主协商、民主决策、民主管理、民主监督。创新和提升村务监督委员会"后陈经验"、"支部带村、发展强村、民主管村、依法治村、道德润村、生态美村、平安护村、清廉正村"的新时代乡村治理"余村经验"、瑞安"三位一体"新型农村合作体系改革等基层民主政治建设制度实践形式，高标准落实"浙江农村基层党建经验二十条"，进一步理顺村党支部、村委会、村务监督委员会、村经济合作社以及村民代表大会等组织的关系，强调"村党支部是领导核心和战斗堡垒"，并提出村党支部领导核心和战斗堡垒的地位要通过对村级一系列组织的总揽和协调来体现。

抓关键点，加强基层依法治理，"办实事"。开展基层工作必须善于在法制轨道上解决各种矛盾和问题；加强基层依法治理工作，是建设社会主义新农村的重要条件，要以务实的作风推进基层依法治理工作。"千万工程"实施以来，浙江将民主法治示范村创建作为基层依法治理工作载体，不断总结经验，创新创建内容，完善创建标准，自觉将民主法治示范村创建的过程变成服务中心工作、推进农村经济社会发展的过程，并将其与"文明村"等创建结合起来，逐步实现社会的全面进步。浙江全省累计建成省级以上民主法治村 1 643 个，县级以上民主法治村占比 90% 以上，17 784 个村实行"一村一辅警"制度，18 886 个村建立法律服务工作室，行政村党务、村务、财务"三务"公开水平达 99. 8%。

"千万工程"已为全面推进乡村振兴探索示范了成功路子和机制办法。要深刻领悟"千万工程"的理念真谛，总结好运用好"千万工程"的好做法好经验，以善治建设和美乡村，关键在落实，关键在因地制宜、一切从实际出发。

100. 如何坚持和发展新时代"枫桥经验""浦江经验"，加快推进乡村治理现代化？

浙江是"枫桥经验""浦江经验"的发源地和率先实践地，2023年是"枫桥经验"实施60周年、"浦江经验"实施20周年，"浦江经验"与"枫桥经验"是双向发力、互为补充、相互促进、相得益彰的社会治理经验。"枫桥经验"自下而上，重在预防；"浦江经验"自上而下，重在破难，并且通过自上而下破难，促进自下而上预防。"枫桥经验"是基层通过群防群治、自主发现，努力实现"小事不出村，大事不出镇，矛盾不上交"；"浦江经验"是习近平总书记在浙江工作期间亲自倡导并带头下访接访群众形成的好经验好做法，主张领导干部到矛盾上交的地方去，并且通过下访解决基层想解决而解决不了的难题，发现基层能解决而未解决的问题。"浦江经验"和"枫桥经验"构建了完善解决群众诉求的闭环机制，从源头上减少了矛盾纠纷的产生，展现了共治共享的生动图景，推动浙江成为治理效能高、人民群众极具安全感的省份之一。

正确把握好以化解矛盾为重点与构建基层社会治理模式的关系。新时代"枫桥经验"和"浦江经验"的灵魂是创新。60年前的"枫桥经验"和20年前的"浦江经验"主要是化解矛盾、综合治理、维护稳定的经验，而新时代"枫桥经验"和"浦江经验"已经发展成为基层社会治理的新模式新经验。两者都始终贯穿着一个"实"字，树立了抓工作注重实际、聚焦实处、谋划实招、推崇实干、务求实效的鲜明导向。在坚持和发展新时代"枫桥经验"和"浦江经验"新征程上，浙江省进一步探索提升县域基层社会治理"141"体系建设理念和思路举措，坚持因地制宜、分类指导，由省级负责制定县级社会治理中心建设标准，市级负责制定"基层治理四平台"标准，县级负责制定全科网格治理标准，统筹提升县域基层社会治理"141"体系实战水平，按照共建共治的理念，优化党建统领网格智治机制，防止网格工作"行政化"。

正确把握好"四治融合"与群防群治的关系。新时代"枫桥经验""浦江经验"必须倡导综合集成和融合共治。依靠和发动群众预防化解矛盾，是"枫桥经验"的基本经验和做法，自治、法治、德治、智治"四治融合"是新时代"枫桥经验"的魅力所在。突出全面协同治理的意识思维，做到多元共治绘就矛盾化解同心圆是"浦江经验"的核心价值。"四治"之中，自治具有基础性作用，是加强和创新基层社会治理的"内生力"。强化自治，就是注重发挥群众在社会治理中的主体作用，创新基层民主自治的方式方法，大力培育和发展社会组织，把群众能够自己办的事交给群众，把社会组织能办的事交给社会组织，降低社会管理和服务成本，减少社会管理中可能出现的摩擦。法治具有核心作用，是加强和创新基层社会治理的"硬实力"。法治具有保障作用，强化法治，就是用法治思维谋划社会治理、用法治方式为社会"构筑底线""定分止争"。德治具有教化作用，强化德治就是强化道德约束，规范社会行为，达到"春风化雨""润物无声"的效果。要广泛开展社会主义核心价值观宣传教育、德孝主题文化活动，立家规、传家训，引导人们讲道德、遵道德、守道德。智治具有支撑和赋能的作用，可以有效推进"智辅决策""智利服务""智助司法""智防风险"，实现信访办理实时、多跨、闭环、共享。

新时代新征程，要不断创新"浦江经验""枫桥经验"，更好地把自上而下的"浦江经验"和自下而上的"枫桥经验"结合起来，组织领导干部下访接访，着力破解基层治理的深层次问题、结构性难题，不断提升基层治理效能。

REFERENCES
主要参考文献

陈立明，2022. 发展全过程人民民主 为新征程凝聚磅礴力量 [DB/OL]. (2022 - 12 - 07). https：//m. gmw. cn/baijia/2022 - 12/07/36213591. html.

陈明，2020. "十四五" 乡村治理现代化走向及 2035 年远景展望 [J]. 治理现代化研究，38 (3)：26 - 37.

陈锡文，2023. 全面推进乡村振兴 加快建设农业强国 [N]. 湖北日报，2022 - 05 - 04.

丁波，2022. 数字治理：数字乡村下村庄治理新模式 [J]. 西北农林科技大学学报（社会科学版），22 (2)：9 - 15.

丁辉侠，2022. 继承、创新与发展：驻村第一书记制度变迁的基本路径与理论逻辑 [J]. 学习论坛 (1)：43 - 52.

高其才，2019. 健全自治法治德治相结合的乡村治理体系 [N]. 光明日报，2019 - 02 - 26 (16).

桂华，2018. 面对社会重组的乡村治理现代化 [J]. 政治学研究 (5)：2 - 5.

郭小聪，曾庆辉，2020. "第一书记" 嵌入与乡村基层粘合治理——基于广东实践案例的研究 [J]. 学术研究 (2)：75 - 81.

韩俊，2018. 以习近平总书记 "三农" 思想为根本遵循实施好乡村振兴战略 [J]. 管理世界，34 (8)：1 - 10.

何阳，娄成武，2021. 乡村智治：乡村振兴主体的回归——与 "城归" 人口补位路径的比较 [J]. 理论月刊 (8)：106 - 114.

贺雪峰，2013. 新乡土中国 [M]. 北京：北京大学出版社.

黄润凤，2021. "第一书记" 参与乡村治理问题研究——以 Y 县 M 镇为例 [D]. 山东：曲阜师范大学.

黄祖辉，胡伟斌，2023. 重估新乡村 再造新价值 [J]. 中国合作经济

(1)：49-52.

鞠真，2019. 基层治理中的虚拟公共空间及其影响［J］. 安徽行政学院学报（4）：93-101.

柯凤华，2019. 村民参与农村社会治理的现状及影响因素分析［J］. 大连干部学刊（10）：46-53.

李三辉，2021. 乡村治理现代化：基本内涵、发展困境与推进路径［J］. 中州学刊（3）：75-81.

李小云，张琦，卢关荣，2022. 和美是中国式的乡村价值追求［N］. 农民日报，2022-11-17.

刘昊东，程爱，2023. 新时代推进乡村智治：重要性、现实困境及可行途径［J］. 智慧农业导刊，3（7）：47-51，56.

刘平平，任晓刚，2022. 推进移风易俗，助力乡村振兴扮靓美丽乡村［DB/OL］.（2022-09-20）. https：//export. shobserver. com/baijiahao/html/530008. html.

刘少杰，2017. 互联网时代社会预期的变化与引导［N］. 光明日报，2017-01-18.

刘洋，2021. 乡村振兴下第一书记长效机制的理论逻辑与实践路径［J］. 热带作物学报（3）：367.

陆杰华，2019. 乡村振兴背景下乡村社会治理的困境及其对策探究［J］. 民主与科学（2）：18-20.

陆野，2015. 农村社会组织在乡村治理中的作用研究［D］. 桂林：广西师范大学.

吕德文，2019. 乡村治理70年：国家治理现代化的视角［J］. 南京农业大学学报（社会科学版），19（4）：21-29.

马卫光，2018. 坚持和发展新时期"枫桥经验"［DB/OL］.（2018-12-03）. http：//dangjian. people. com. cn/n1/2018/1203/c117092-30438339. html.

秦中春，2020. 乡村振兴背景下乡村治理的目标与实现途径［J］. 管理世界，36（2）：1-6，16.

唐珂，2022. 建设宜居宜业和美乡村的文化探源［J］. 农村工作通讯（24）：34-36.

唐玉，2023. "千万工程"让农村既充满活力又稳定有序［N］. 人民日报，2023-08-03.

王海娟，2021. 乡村振兴背景下农村基层民主治理转型：制度空间、实现路径与当代价值 [J]. 求实（5）：85 - 96.

王薇，戴姣，李祥，2021. 数据赋能与系统构建：推进数字乡村治理研究 [J]. 世界农业（6）：14 - 22，110.

肖立辉，2015. 乡村治理现代化的由来与出路 [J]. 观察与思考（2）：57 - 59.

徐茜，2018. 乡村治理也需要"德治" [DB/OL]. （2018 - 11 - 26）. http://www.rmlt.cn/2018/1109/532659.shtml.

徐旭初，吴彬，金建东，2023. 数字赋能乡村：数字乡村的理论与实践 [M]. 杭州：浙江大学出版社.

徐勇，1997. 中国农村村民自治 [M]. 武汉：华中师范大学出版社，1997.

尹菁薇，王翠，2021. 论新时代党的乡村治理思想的核心要义 [J]. 经济师（11）：63 - 64.

俞可平，2000. 治理与善治 [M]. 北京：社会科学文献出版社.

郁建兴，2003. 政治学导论 [M]. 杭州：浙江大学出版社.

郁建兴，2019. 辨析国家治理、地方治理、基层治理与社会治理 [DB/OL]. （2019 - 08 - 30）. http://theory.people.com.cn/GB/n1/2019/0830/c40531 - 31326555.html.

郁建兴，2021. 后小康时代乡村振兴的重要议程 [N]. 公益时报，2021 - 12 - 31.

郁建兴，黄飚，2020. "整体智治"：公共治理创新与信息技术革命互动融合 [N]. 光明日报，2020 - 06 - 12.

张永勋，陈秧分，2022. 在乡风文明建设中弘扬中华优秀传统文化 [DB/OL]. （2022 - 11 - 16）. https://m.gmw.cn/baijia/2022 - 11/16/36164245.html.

张玉清，2019. 农村基层社会治理存在的问题及对策探析——以甘肃省白银市为例 [J]. 新西部（中旬刊）（5）：41 - 48.

张振安，2022. 坚持共建共治共享 推进乡村治理现代化 [N]. 中国社会科学报，2022 - 08 - 17.

朱启臻，2022. 让数字化更好促进乡村善治 [N]. 人民日报，2022 - 05 - 13.